EL PODER
DEL
POTENCIAL

MAXIMICE LOS PRINCIPIOS DE DIOS
PARA REALIZAR SUS SUEÑOS

Ed Cole

WHITAKER
HOUSE
Español

Editado por: Ofelia Pérez

El Poder del Potencial
Maximice los Principios de Dios para Realizar sus Sueños
ISBN: 978-1-62911-874-1
Impreso en los Estados Unidos de América
©2017 por Edwin Louis Cole

Whitaker House
1030 Hunt Valley Circle
New Kensington, PA 15068
www.whitakerhouseespanol.com

1 2 3 4 5 6 7 8 9 10 11 ᵾᵾ 22 21 20 19 18 17

Dedicatoria

Dedicado a la dama más encantadora de la Tierra, mi esposa Nancy, quien junto con el Señor, me ayudan a realizar mis sueños.

Agradecimientos

Doy mis sinceros agradecimientos a Donna Arthur y al personal de Whitaker House Español, que hicieron posible la publicación de este libro.

Contenido

Capítulo 1

SOÑAR EL SUEÑO IMPOSIBLE

Me acuerdo cuando Dios me habló por primera vez con respecto a cambiar el rumbo de mi vida. Durante todo el año me habló de continuo, insistiendo en lo que era Su voluntad para mí. Esta se convirtió en una visión, un sueño, una fuerza impulsora tan fuerte que dejé todo lo que estaba haciendo, y me lancé a hacer esa única cosa: ministrar a los hombres a través de la nación y por todo el mundo.

Los sueños son la substancia de todos los grandes logros. Los hombres que sueñan grandes sueños llegan a ser constructores de grandes obras, como el puente Golden Gate de San Francisco o el edificio Empire State de Nueva York. Los soñadores

> **LOS SUEÑOS SON LA SUBSTANCIA DE TODOS LOS GRANDES LOGROS.**

urbanizan grandes ciudades, construyen nuevas naciones y escriben constituciones.

A pesar de la oposición, la risa, el ridículo, las penurias o la persecución, los soñadores nunca desisten de su sueño. Siguen adelante y llegan a tener éxito en este mundo al convertir sus sueños en realidad.

Dios le dio un sueño a Bob Schuller. Este sueño se cumplió, y es una realidad en la gran Catedral de Cristal del condado de Orange, California. A pesar de lo que todos dijeron respecto a este sueño, ahora es un punto de referencia a nivel mundial. Es uno de los lugares que todos quieren ver cuando visitan el sur de California, como Disneylandia o la granja Knotts Berry. Es un testimonio en sí misma.

Tal vez hubo ocasiones cuando Bob Schuller experimentó desánimo o sufrió persecución. Puede que haya dudado de su visión. Pero nunca desistió de su sueño.

Los sueños son importantes. La Palabra de Dios nos enseña que los sueños son una de las principales maneras en que Dios habla a los hombres con respecto a su obra.

Cada cual tiene un sueño. Es mi propósito ayudarle a reconocer, retener o realizar el sueño de su vida. Cuando lea las páginas siguientes, descubrirá en ellas principios definidos que le ayudarán a convertirse en uno de los éxitos de Dios.

Sin embargo, este no es un libro sobre el pensamiento positivo o el pensamiento basado en posibilidades, sino sobre el pensamiento basado en la realidad, porque *verdad y realidad son sinónimos.*

Dios lo hace todo según un modelo basado en un principio de su Reino. Cuando actuamos en fe sobre uno de estos principios bíblicos, este se convierte en la llave que nos abre el depósito de las riquezas celestiales. Cuanto más basemos nuestra vida en los principios, y menos en las personalidades, tanto más recto será nuestro camino.

Al usar como guía la vida de José en el Antiguo Testamento, me gustaría mostrarle cómo Dios desarrolla en nuestras vidas los principios potenciales basados en los principios de Su Reino.

> **CUANTO MÁS BASEMOS NUESTRA VIDA EN LOS PRINCIPIOS, MÁS RECTO SERÁ NUESTRO CAMINO.**

Dios le dio un sueño a José. Este fue un sueño inspirado, ordenado, y dado por Dios. El sueño tenía el potencial para una vida exitosa, bendición y prosperidad para otros, y salvación para la familia y la nación de José.

El sueño dado por Dios a José creó en su mente una imagen que finalmente se convirtió en realidad. Fue real en el espíritu de José antes que se hiciera real en su carne.

El sueño de José vino directamente de Dios. José nunca desistió de su sueño.

Las Escrituras nos enseñan que Dios es el autor y consumador de la fe. Dios consumará aquello de lo que es autor, pero no está obligado a consumar aquello de lo que no es autor.

Si Dios implanta sus deseos en nuestros corazones, Él verá que sean cumplidos cuando nos sometamos a Su señorío y colaboremos con Su Espíritu que mora en nosotros. Así es como Su Reino puede venir a la tierra por medio de nosotros.

Hay un viejo adagio que dice: "La vida comienza a los cuarenta". Por lo general, en esa época de la vida nos damos cuenta de que se ha ido nuestra juventud. Evaluamos lo que hemos hecho en la vida, y lo que todavía nos queda por hacer. La evaluación puede convertirse en un suceso que cambie nuestra vida.

Durante esta época, muchos descubren si sus sueños se han cumplido o no. Los sueños, las metas, las prioridades y las relaciones se afectan.

Es tiempo de redirigir, rededicar, o reforzar el rumbo o las metas de la vida.

Un sueño destruido puede ser devastador en la persona que lo abrigaba. Esto no es una crisis que ocurra en la mediana edad, sino algo que afecta el fundamento mismo de la naturaleza del espíritu del hombre.

La decepción que produce un sueño roto puede degenerar en desaliento y luego desilusión, y a menudo lleva al alcoholismo, a la adicción a drogas o al suicidio, o incluso termina en asesinato.

Los sueños que son solo fantasías no pueden resistir la prueba de la realidad.

Los que habitan en los barrios pobres y viven una fantasía de la vida por medio de la televisión, manifiestan a menudo un comportamiento rebelde, antisocial y anarquista.

> LOS SUEÑOS QUE SON SOLO FANTASÍAS NO PUEDEN RESISTIR LA PRUEBA DE LA REALIDAD.

Cuando el televisor se apaga, quedan con la realidad de las ratas, los apartamentos que solo tienen agua fría, y la pobreza. Sin tener un sueño para hacer realidad, viven sin esperanza.

La generación de hoy que aún no ha cumplido veinticinco años tiene un lema que dice: "No hay esperanza". No tienen esperanza para su generación. Sin esperanza, la vida es desesperante. *"Es, pues, la fe es la certeza de lo que se espera (…)".*[1] Sin tener un sueño para su generación, los jóvenes no tienen nada en qué poner su fe, ni nada en qué basar su esperanza. Como José, que en su juventud tuvo un sueño que Dios le dio, los jóvenes de hoy necesitan buscar a Dios para sus sueños.

En muchos lugares de los Estados Unidos, los hombres y las mujeres no se entienden entre sí. Muchos hombres ven frustrados sus sueños de ser maridos, padres de éxito y prósperos hombres de negocios. Como resultado, se amargan, y se vuelven negativos y criticones. En lugar de enfrentar la realidad de sus propios fracasos, culpan a sus esposas, a las circunstancias, al ambiente o a la herencia. La esposa a menudo sufre las indignidades de la ineptitud de su marido para cumplir sus sueños.

> **TODO GRAN LÍDER SABE QUE HAY UN PRECIO A PAGAR POR EL LIDERAZGO.**

Es innegable la importancia de los sueños y sus consecuencias, ambas positivas y negativas. La historia está en el libro de Génesis desde el capítulo 37 hasta el final del capítulo 50. Si se familiariza con ella, va a entender los principios que le enseño en este libro. Usted verá que el éxito de José vino de su identificación con Dios, y no de su identificación con la familia o con las circunstancias.

El sueño de José fue la revelación de Dios respecto al liderazgo.

Todo gran líder sabe que hay un precio a pagar por el liderazgo, sea este secular o sagrado.

El precio que tuvo que pagar José fue pasar trece años en dura confrontación con las tentaciones y acusaciones. Este fue su tiempo de prueba, y el tiempo en que Dios lo probó.

Toda prueba se basa en la resistencia. Este es un principio del Reino. La Escritura dice: *"Someteos, pues, a Dios; resistid al diablo, y huirá de vosotros".*[2] Esto significa que su capacidad para resistir al diablo es proporcional a su sumisión al Señor.

Esta es también la razón por la que la Palabra de Dios nos alienta a comenzar el día buscando al Señor. La impaciencia, los arranques de ira y los caprichos carnales son a menudo resultados de la falta de sumisión al Señor al comienzo del día. Sin someternos al Señor en la mañana, no tenemos la capacidad de resistir al diablo por la tarde.

José había de ser líder. Tomaría tiempo. El liderazgo puede originarse en un hombre, pero la calidad de este liderazgo puede producirse tan solo durante cierto período de tiempo. La preparación es el fundamento del éxito.

Mire como la Infantería de Marina, el Ejército y la Fuerza Aérea preparan a sus líderes en campamentos de

LA PREPARACIÓN ES EL FUNDAMENTO DEL ÉXITO.

entrenamiento de reclutas, y luego los someten a un adiestramiento más intenso. Demasiado a menudo, hombres de nuestra sociedad "instantánea" fabrican productos de mala calidad debido a su deficiente preparación. No quieren pagar el precio del tiempo. En las profesiones técnicas, hay un programa de "aprendizaje" para preparar a los hombres como oficiales. Uno de los problemas de la sociedad moderna es que hay muchos oficiales, pero pocos maestros.

Hasta en el ministerio hay hombres que pueden pronunciar sermones, algunos dirigir iglesias o enseñar la Palabra de Dios, pero no pueden controlarse a sí mismos. Cierta vez, Moisés no pudo controlarse, y como resultado perdió el derecho de entrar a Canaán. Adán, David, Sansón aprendieron el principio:

> *Mejor es (...) el que se enseñorea de su espíritu que el que toma una ciudad.*[3]

José creyó en sus sueños, pero sus hermanos no.

José se identificó con Dios, mientras que sus hermanos se identificaron con sus deseos personales, sus ambiciones, sus placeres y su pecado. Esa fue la dicotomía que hubo entre ellos y José. Fue una diferencia abismal. Nunca pudieron comprender a José. Tenían una perspectiva totalmente diferente de la vida.

Cuando José les contó su sueño a sus hermanos, sus celos de él se convirtieron en odio. Los celos son más peligrosos y crueles que la ira. Los celos son viciosos. Y la adulación es hostilidad disfrazada. Guárdese de ambos.

Sus hermanos no pudieron ni quisieron entenderlo. Nunca lo hicieron. Aún después que les perdonó, les favoreció y prodigó generosamente su bondad en ellos, todavía pensaban que él tomaría venganza de ellos después que muriera su padre.

El retrato que ellos tenían de José había sido pintado por sus propios espíritus egoístas, concupiscentes y mezquinos.

> *Todas las cosas son puras para los puros; mas para los corrompidos e incrédulos nada les es puro (...).*[4]

Estas palabras describían con exactitud a los hermanos de José.

José se enfrentó a los celos, la ira, el odio, la envidia y la calumnia. Fue traicionado, ignorado, rechazado y humillado. Sufrió crueldad, injusticia, y astucia perversa. Fue víctima de una conspiración, fue traicionado por sus hermanos, encarcelado mediante falso testimonio, defraudado por aquellos que ayudó. Tuvo que luchar contra la malicia y la concupiscencia levantadas contra él.

Pero José perseveró. La perseverancia siempre prevalecerá sobre la persecución.

Usted nunca será demasiado joven, demasiado viejo, demasiado pobre o demasiado rico para que Dios haga realidad su sueño. Dios

> **LA PERSEVERANCIA SIEMPRE PREVALECERÁ SOBRE LA PERSECUCIÓN.**

no es parcial; tampoco hace acepción de personas.[5] Quiere que usted tenga lo que Él les ha dado a otros.

La fe de José nunca terminó. Su vida sí, pero su fe no. En efecto, hizo que sus hijos prometieran que cuando regresaran a la Tierra Prometida, llevarían consigo los huesos de él.

Eso fue lo que hizo a José un héroe de la fe. Eso es lo que hará de usted un héroe de la fe.

Dios quiere que usted sea un héroe de la fe. La fe vence al mundo.

Crea que Dios hace realidad su sueño.

Los sueños dados por Dios a hombres favorecidos por Dios hacen un mundo bendecido por Dios.

Lo que Dios origina, Él lo terminará. Lo que Dios promete, Él lo cumplirá. Lo que está consagrado a Él, Él lo guardará.

Capítulo 2

MARCHE A UN RITMO DIFERENTE

Algunos hombres influyen en otros "por casualidad", mientras que otros "se determinan" a hacerlo. Esta es la diferencia entre seguidores y líderes. Los hombres mediocres se conforman con lo bueno, que es a menudo el enemigo de lo mejor.

José es admirable porque se convirtió en un líder, en un éxito espiritual. La Biblia llama vencedores a tales personas. José perseguía la excelencia. Su vida estaba llena con la trascendental gloria de Dios. Fue esta gloria la que lo ayudó a desarrollar su potencial. Dios les da gracia a los pecadores, pero les da gloria a los santos.

En el caso de José, todo comenzó con un sueño. El sueño que Dios le dio se hizo realidad a causa de tres cosas en su vida. Estas son las mismas tres cosas que todos necesitamos: gracia, sabiduría y valor.

Del Señor Jesucristo se escribió cuando estuvo aquí en la Tierra, que *"crecía en sabiduría (...) y en gracia para con Dios y los hombres".*[1] José es un tipo de Jesús en el Antiguo Testamento. La autoridad y la capacidad de José fueron el resultado del favor de Dios. Él halló gracia delante de Dios y de los hombres. Nunca trató de buscarla de manera servil. José mereció el favor de los hombres, pero Dios concede su favor como un don, y nunca puede ganarse. Por eso es que se llama gracia, que significa "favor inmerecido".

José anhelaba la rectitud. Tal rectitud dada por la gracia de Dios es justicia. Ciertamente, José no trataba de granjearse el favor de su padre cuando le informaba sobre el mal que hacían sus hermanos. Eso era solo una evidencia del don y su naturaleza profética. Todos los profetas tienen el sentido de la justicia altamente desarrollado, deploran la injusticia, y son dados a poner el pecado al descubierto. Por eso es que Dios usa a los profetas. Llamar a las personas a volverse a la justicia, y despertar en ellas la conciencia de Dios es el ministerio básico del profeta.

El favor de José con su padre fue evidenciado por la "(...) *túnica de diversos colores* (...)".[2]

El favor de José con Dios fue evidenciado por el hecho de que Dios hacía prosperar todo lo que él hacía. Al describir a un hombre como José, el salmista dijo:

"(...) *Y todo lo que hace, prosperará".*[3]

Dios está a favor de la prosperidad, y en contra de la pobreza.

Dondequiera que iba, José se elevaba a una posición de liderazgo. Por humilde que hubiera sido su comienzo, en su casa, en la casa de Potifar, en la cárcel, era eventualmente ascendido a una posición de liderazgo.

Es un principio axiomático de la vida que el agua siempre buscará su nivel.

Usted siempre vivirá al nivel de su fe. No todos viven al mismo nivel de fe. A medida que su fe se eleve a niveles diferentes, su negocio prospere y sus ingresos aumenten, usted siempre estará cambiando relaciones y amistades. Las amistades íntimas cambian en cada nivel. Esto es parte del precio del crecimiento.

> **DIOS ESTÁ A FAVOR DE LA PROSPERIDAD Y EN CONTRA DE LA POBREZA.**

Es también la razón por la cual algunas personas no crecen. Les permiten a sus amigos íntimos que influyan contra su crecimiento en la gracia. Como sus amigos no han experimentado nuevos niveles en la verdad, o una fresca manifestación de la presencia de Dios mediante el hambre de conocerlo, desaniman a los que tienen ese hambre.

Si Dios le ha elevado a un nuevo nivel de fe por medio de una revelación, experiencia o relación con Él, no puede permitir que aquellos que no se han elevado a ese nuevo nivel le detengan, y le impidan crecer y madurar.

Martín Lutero nunca hubiera sido el inspirador de la Reforma, si hubiera escuchado a sus compañeros que no entendían la revelación de que "(…)*Mas el justo por la fe vivirá (…)*".[4]

Los hombres, sean ministros, o sean laicos, tienen la tendencia a ser intimidados por las filosofías de otros hombres. Cuando usted acepta las filosofías de los hombres, que no son más que racionalizaciones para justificar sus fracasos, usted acepta sus fracasos.

Durante años fui consejero de los principales ministerios y negocios de los Estados Unidos. Una de las cualidades distintivas de muchos que estaban infelices y descontentos era que el ministerio o negocio estaba creciendo, pero ellos no. Como resultado, se volvieron negativos en sus sentimientos. O ellos crecían, pero el ministerio o negocio no, y ellos tenían que irse.

Los ministerios crecen al nivel de sus líderes.

Ponga al frente de una congregación de cien personas a un hombre que tiene el espíritu y la capacidad para pastorear mil, y la congregación crecerá hasta mil. Pero ponga al frente de una congregación de mil a un hombre que tiene el espíritu y la capacidad para pastorear solamente cien, y pronto la congregación se reducirá a este número.

En el camino, las amistades íntimas cambian con la autoridad y la capacidad del liderazgo. Esto significa que usted no deja a los viejos amigos, sino que solo gana otros nuevos en un nivel de fe superior. Su asociación e intimidad con las personas cambiará a medida que usted crezca y madure.

Usted no necesariamente acaba su relación con sus viejos amigos, pero se mantiene haciendo nuevos amigos con un nivel de fe más alto.

Hay tan solo dos cosas que usted hace en la vida: entrar y salir.

Ya se trate de una escuela, una organización, una amistad o un negocio, esto es básicamente todo lo que usted hace en toda su vida. Cómo sale de uno determina cómo entra al otro.

Los ministros necesitan saber esto. Las personas necesitan irse de su iglesia bendecidas en espíritu, para que deseen regresar a ella. Las esposas necesitan saber esto con respecto a sus esposos y a sus hijos cuando salen en la mañana hacia el trabajo o la escuela. Déjenlos bendecidos, para que quieran volver a la casa.

Dios quiere transformarnos llevando nuestra vida de gloria en gloria. No permita que la incredulidad de alguna otra persona, el rechazo de la verdad, o la negativa a crecer detengan su vida o su sueño. Crezca con Dios. Crezca en la gracia. Crezca en la verdad.

El crecimiento de José en sabiduría vino de varias fuentes. La recibió de su padre Jacob, de su abuelo Isaac, y de su bisabuelo Abraham.

> **CREZCA CON DIOS.**
> **CREZCA EN LA GRACIA.**
> **CREZCA EN LA VERDAD.**

José estimaba la sabiduría de sus padres. Los escritos disponibles para José y el Espíritu de Dios que moraba en él le dieron sabiduría. La habilidad de José para interpretar sueños fue descrita mejor por Faraón cuando dijo: "(...) ¿*Acaso hallaremos a otro hombre como éste, en quien esté el espíritu de Dios?*"[5]

Uno de los descendientes de José en la fe escribiría un día: "*Sabiduría ante todo; adquiere sabiduría (...)*".[6]

Uno de los hombres más sabios que haya vivido, el rey Salomón, dijo repetidas veces en los Proverbios que la sabiduría da una buena y larga vida, riquezas, honra, delicias y paz. José las experimentó todas. En otras palabras, la sabiduría provee para la totalidad de la vida del hombre.

La sabiduría le traerá lo mismo si usted la busca. La Palabra de Dios es tan importante en su vida porque Cristo ha sido hecho sabiduría. La devoción a Él y a Su Palabra hará que lleguemos a ser hombres sabios.

La sabiduría, como la paz, hay que buscarla. Es como el tiempo: usted no encuentra tiempo; usted toma tiempo.

El potencial para desarrollar la sabiduría está a nuestra disposición, pero tenemos que invertir tiempo en su desarrollo. El potencial para desarrollar sabiduría se reducirá o perderá según como usemos nuestro tiempo. El tiempo que se pasa en necedades nunca desarrollará la sabiduría.

La meditación en la Palabra de Dios es la cuna de la facultad creadora.

Dios le ordenó a Moisés que construyera una verja alrededor de la falda del monte a donde había subido para

LA SABIDURÍA, COMO LA PAZ, HAY QUE BUSCARLA.

encontrarse con Dios. Esta verja era para impedir el paso a los animales salvajes. Debemos aprender a disciplinar nuestras mentes para impedir que los pensamientos desordenados perturben nuestra paz cuando estamos en la presencia de Dios.

Toma tiempo ser santo, sabio y hábil, Usted podrá recobrar las riquezas o la salud, pero jamás podrá recobrar el tiempo que perdió. *El remordimiento nunca retrocede el reloj.*

El favor, la sabiduría y el valor fueron los elementos que contribuyeron tan poderosamente al éxito de José. Él añadió valor a su fe.

Los héroes son hombres en quienes el valor se ha hecho visible. Los héroes son hombres ordinarios que actúan en un momento del tiempo, sobre una necesidad mayor que ellos mismos.

Ya se trate de José, o de Jairo, que buscó a Jesús para que salvara a su hija, esto es cierto en toda persona. Los hombres ordinarios que en un momento del tiempo actúan por una necesidad mayor que el interés personal, se convierten en héroes. El valor lo hace posible.

Necesitamos valor para enfrentar la realidad.

Necesitamos valor para reconocer la necesidad.

Necesitamos valor para tomar decisiones.

Necesitamos valor para cambiar.

Necesitamos valor para tener convicciones.

Desde el tiempo de la primera excusa de Adán en el huerto, los hombres han procurado eludir la responsabilidad de lo que han hecho, y escapar de la realidad de sí mismos. Se usan las filosofías, las ideologías, las drogas, el suicidio y muchos otros métodos para evadir la realidad.

Una de las cosas más difíciles para una persona es reconocer que está equivocada. Sin embargo, ese es el primer paso hacia la madurez, o una solución a innumerables problemas. El dicho: "Solo un gran hombre admite que está equivocado" es antiguo, pero cierto.

José le dio a Dios algo con qué trabajar en su vida. Dios le dio a José algo por qué trabajar en su vida.

Esto es como una calle de dos vías. Si quiere que Dios desarrolle el potencial de su vida, no solo necesita que Dios le dé algo; también necesita darle algo a Dios.

Dele a Dios su tiempo.

Permita que Él le dé su gloria trascendente.

Permita que Dios desarrolle su potencial.

Capítulo 3

SU VIDA TIENE POTENCIAL

Hace algún tiempo oí la historia del hombre que inventó una pinza de hacer rizos que le permitió ganarse una fortuna. Todo lo que hizo fue tomar dos pedazos de metal mediante un sencillísimo, pero ingenioso método de unirlos, y produjo una acción de resorte. Esta pinza se usa hoy como instrumento para sujetar los rizos al peinar a la moda el cabello de las mujeres.

Este inventor puso tiempo, ingenio, creatividad, pericia y esfuerzo en estos dos pedacitos de metal. Con ello se ganó una fortuna, y les hizo más fácil la vida a muchas mujeres en todo el mundo.

Y ¿qué le parece el hombre que solía doblar las esquinas de sus papeles rompiéndolas y doblando a su vez la parte rota, para mantenerlos juntos y archivarlos? Su deseo de hallar un método mejor dio por resultado la invención del *clip* o sujetapapeles.

Todo lo que hizo fue tomar un pedacito de alambre de unos ocho centímetros de largo, y doblarlos en cierta forma. Era un pedacito de alambre que usted y yo habríamos desechado. Pero él lo tomó, e hizo un *clip*. Su invento le hizo ganarse una fortuna, y fue una bendición para la vida de innumerables oficinistas de todo el mundo.

Me gusta una historia que oí hace años en una conferencia de motivación. Era acerca de un hombre que llamó a una compañía distribuidora de bebidas no alcohólicas, cuando estas todavía se servían en los mostradores de las farmacias. El hombre le dijo a la junta directiva que él tenía algo que los haría ganarse una fortuna, pero quería que le pagaran $75,000 por la información.

Cuando la junta directiva se reunió para oír al hombre, este simplemente entró y dijo una sola palabra: "Embotéllenla". Desde entonces, la compañía hizo negocios alrededor del mundo.

La experiencia, las emociones, las ideas, la madera, la sal, la tierra, el talento, la belleza, el cerebro, todos tiene una cosa en común: el potencial.

¿Cómo podremos olvidarnos de esa vez que nuestro Señor quería alimentar a una multitud, y todo lo que había cerca de Él era un joven con unos cuantos pescados y panes? Está escrito que Jesús tomó aquellos panes, los bendijo, los partió, y los usó para alimentar a una multitud.[1]

Todo lo que los pescados y los panes tenían era el potencial, hasta que Jesús puso algo en ellos. Entonces se usaron para alimentar a una multitud.

El intercambio de respiración desarrolla el potencial de sus pulmones para que sigan dándole vida a usted. Así también lo hace el proceso de la sangre impulsándose a través del cuerpo hacia cada una de sus células, a fin de que tome el alimento, y se lleve los desechos.

El intercambio es el proceso de la vida.

Uno de los errores comunes que cometen muchas personas con respecto a la capacidad creadora de Dios

EL INTERCAMBIO ES EL PROCESO DE LA VIDA.

proviene del hecho de que interpretan mal las Escrituras al decir que Dios hizo todo de la nada. Parafraseando, el pasaje de las Escrituras dice: Por fe, creyéndole a Dios, sabemos que el mundo y las estrellas, de hecho, todas las cosas fueron hechas a la orden de Dios, y que fueron todos hechos de las cosas que no se pueden ver.[2]

Así es.

Algo no está hecho de nada; está hecho de cosas que no se ven. Todos sabemos que el verdadero valor de una cosa es interno, y no externo. Las cosas que no se pueden ver, y que son eternas, son mucho más importantes que las que se pueden ver, que son temporales.

La casa en que vivo es de madera, mortero, vidrio, metal y otros materiales. Esa es la parte visible. Pero lo que se puso en ella para hacerla realidad, no se puede ver. Alguien puso en esta propiedad visión, fe, ingenio, conocimientos, talentos, y esfuerzo. Ninguna de estas cosas es visible; solo el resultado es visible.

Lo mismo ocurre con el matrimonio.

El otro día tuve el privilegio de estar en una ciudad donde conocí a un matrimonio de edad madura, y muy bien parecido. Evidentemente se apreciaban entre sí, y hablaban con franqueza sobre el maravilloso matrimonio que disfrutaban. Me contaron que no siempre fue así. Pero después de muchos años de comentarios mordaces, amarguras, resentimientos y hostilidades en su matrimonio, y de solo recibir de él infelicidad y miseria, tomaron la decisión de cambiar.

El esposo dio el primer paso, comenzando a mostrarle aprecio, bondad y cortesía a su esposa. Así mismo comenzó a comunicarse con ella, y a escucharla. A consecuencia de esta acción, ella comenzó a responder y también a cambiar. Lo que pusieron en su matrimonio determinó lo que recibieron de él.

El matrimonio puede ser lo más cercano al cielo o al infierno que cualquiera de nosotros conocerá en esta vida. Poner cosas negativas en un matrimonio produce penurias y malicia infernal.

Este principio se centra en la cruz de Cristo. Dios tomó al Cristo inmaculado, y derramó en Él nuestros pecados. A cambio, Él derramó la bondad de Dios en nosotros. La salvación del hombre existe en realidad, pero solo tiene potencial hasta que se hace un intercambio.

Jesús vino con Su justicia, y se identificó con nuestros pecados para que nosotros, por medio del arrepentimiento y la fe, pudiéramos identificarnos con Su justicia. Usted aún está sin la realidad de la salvación, si todo lo que hace es admitir que Él vino e hizo Su parte. Si usted nunca ha completado ese proceso de intercambio haciendo su parte, entonces el Calvario solo tiene el potencial para que sea salvo. No los oidores, sino los hacedores serán los poseedores.

El otro día viajaba con un hombre en su automóvil cuando de pronto, señalando una propiedad, dijo: "Hace quince años yo podría haber comprado eso por solo $3.000, y ahora vale $130.000". No me impresionó. Él no estaba más cerca de poseerla ahora de lo que había estado entonces. Era un hablador, no un hacedor. ¿Por qué? Porque no tenía la fe, el valor, la visión y la agudeza para hacer realidad lo que pensaba. Nunca había desarrollado mucho del potencial de su vida porque no había puesto bastante en ello.

> NO LOS OIDORES, SINO LOS HACEDORES SERÁN LOS POSEEDORES.

Algunos hombres hacen que sus sueños se cumplan mediante lo que intercambian para convertirlo en realidad. Otros solo se quejan porque no tienen el material, el dinero o los medios para comenzar. Los hombres de éxito comienzan donde están y con lo que tienen.

> **LOS HOMBRES DE ÉXITO COMIENZAN DONDE ESTÁN, Y CON LO QUE TIENEN.**

Considere a los que alcanzaron el éxito espiritual que están registrados en la Biblia. Ellos superaron su falta de cosas materiales con lo que tenían en su espíritu. Eliseo tenía solo una pizca de sal, pero al poner en ella lo que tenía en su espíritu, su fe en Dios, usó la pizca de sal para endulzar el agua amarga.

¿Y qué tal los cántaros de Gedeón, la quijada de asno de Sansón o la vara de Moisés? No era lo que estaba en sus manos, sino lo que tenían en su corazón lo que hizo la diferencia.

Un director de orquesta filarmónica puede obtener una música hermosa de su orquesta, pero cuando comenzó a recibir instrucción musical en su niñez, empezó con una sola mano, haciendo escalas en el teclado. Creció en conocimientos poniendo en esto todo lo que tenía.

Tanto la fe como el miedo ejercen atracción.

Fe es creer que ocurrirá lo que usted no puede ver. Miedo es creer igualmente que ocurrirá lo que usted no puede ver. La fe atrae lo positivo; el miedo atrae lo negativo.

Dos jóvenes que estaban de visita en una casa con sus padres se comportaron de modo diferente con el perri-

TANTO LA FE COMO EL MIEDO EJERCEN ATRACCIÓN.

to chihuahua que vivía allí. Uno le tuvo cariño, le acarició confiadamente, y hasta jugó con él. El otro le tuvo miedo, y finalmente fue mordido por el perro. Este caso ilustra claramente el principio por el cual la fe y el miedo ejercen atracción.

Me preocupan algunas personas que participan en los movimientos de "congelación nuclear". No es que me preocupen aquellos que quieren genuinamente la paz, puesto que yo también soy hombre de paz, y presido el Comité para la Buena Voluntad entre las Naciones. Sin embargo, los promotores de la "congelación nuclear" que actúan motivados por el miedo, atraerán el ataque de nuestros enemigos, y entonces ¿dónde estará la paz?

Una encuesta reciente mostró que las personas que tienen una mala imagen de sí mismas tienden a sufrir mucho más abuso que aquellas que tienen una buena imagen. La inferencia es que aquellos con actitudes negativas derivadas de una mala imagen de sí mismos parecían atraer el abuso, mientras quienes tenían una actitud positiva lo repelían.

Job expresó esto en mejor forma cuando dijo: *"Porque el temor que me espantaba me ha venido, (…)"*.[3]

A menudo, es necesario tomar decisiones drásticas y hacer cosas traumáticas para asegurar un cambio en la manera como otros nos ven o nos consideran.

El cambio de José, desde que sus hermanos lo vieron por última vez en la cisterna donde lo dejaron, hasta que lo vieron de nuevo como gobernador de Egipto, fue dramático y traumático. Pero todo ese tiempo José vivió una vida de espiritualidad positiva. Se renovaba constantemente en el espíritu de su mente.

José creció, maduró, cambió, y llegó a ser en todos los aspectos el líder que Dios se propuso que fuera. A sus hermanos les fue difícil entender lo que él había llegado a ser al cumplirse el sueño que Dios le había dado.

José no estaba limitado en su vida por la manera como otros lo veían o lo consideraban. No limitó al Santo de Israel en su vida, permitiéndole a alguien crear su mundo por él.

José era un hombre de fe con un sueño dado por Dios. Su sueño tenía tan solo el potencial de realizarse, pero cuando José puso fe en su sueño, este se hizo realidad.

No limite a Dios.

Deje que Dios desarrolle su potencial.

Identifíquese con Dios y con lo que Él dice.

Fortalézcase en fe.

Renueve el espíritu de su mente con la Palabra de Dios.

Comience con lo que tiene.

Repita en voz alta estas palabras:

Soy lo que Dios dice que soy; tengo lo que Dios dice que tengo, y puedo hacer lo que Dios dice que puedo hacer, porque la gracia de Dios basta en mi vida.

Capítulo 4

CONVIERTA EN POSITIVOS SUS PUNTOS NEGATIVOS

Dios termina todo en lo positivo. Nunca termina nada en lo negativo.

La vida de José es evidencia y testimonio de esta verdad.

Dios siempre crea a la perfección. Cuando nos creó en Adán, fuimos hechos perfectos en nuestra humanidad. Adán fue un ser humano perfecto, sin pecado y sin enfermedad.

Dios puso a Adán en Su reino y a Su reino en Adán cuando le puso en el Edén. Cuando Dios completó Su obra en la creación, Él vio que era buena, y descansó de Su obra. La paz fue el resultado.

Desde entonces hasta ahora, la paz ha sido siempre el árbitro al cual hemos recurrido para hacer la voluntad de Dios[1].

Nosotros fuimos creados para Dios y Su gloria. Por tanto, la comunión con Dios era la manera normal de vivir para Adán. Él andaba y hablaba con Dios.

Cuando Adán pecó, todo cambió. Toda la naturaleza humana cambió de positiva a negativa. Hasta la tierra se convirtió en un sitio negativo, al venir sobre ella la maldición a causa del pecado. La expulsión de Adán del Edén simbolizó su expulsión del Reino de Dios como resultado de su pecado.

Todo en la sociedad humana se pervirtió a consecuencia del pecado de Adán. Ahora todo en la vida debe convertirse del estado negativo al positivo. Incluso la tierra debe convertirse mediante el cultivo, la siembra y el riego. Si se la deja sola, en su estado negativo, se convertirá tan solo en un lugar silvestre lleno de malezas.

Se cuenta de un hombre, de uno de los países escandinavos, que era sumamente rico. Cuando murió, se vio que en su testamento había dejado al diablo toda su propiedad. Como no tenía parientes vivos, su testamento fue a los tribunales de sucesiones. A causa de la inusitada decisión, se le dio mucha publicidad al caso. En los periódicos los periodistas se preguntaban: ¿Qué decisión tomaría el juez?, ¿Cómo pueden darle al diablo las cosas materiales?

Cuando llegó el día para emitir la sentencia, el juzgado estaba lleno de público. El juez dio un golpe con el mazo, y comenzó a leer su decisión, diciendo: "Este tribunal ha decidido que las utilidades de esta heredad se usen para construir una cerca alrededor del inmueble de este propietario, y que se mantengan guardias que vigilen las veinticuatro horas del día para que nunca nadie vuelva a poner los pies en ella".

El tribunal se disolvió, y todos se fueron. Nadie podía entender lo que el juez había querido decir con eso. Pero de repente todos entendieron. Las cosas que se dejan solas van naturalmente al diablo.

Los padres nunca tienen que enseñarles a sus hijos a desobedecer. La desobediencia es inherente a la naturaleza humana negativa. Toda la humanidad es negativa por naturaleza. Tenemos que aprender a obedecer.

Uno de los principios básicos del Reino de Dios es que todas las características de este Reino provienen del carácter del Rey. Por tanto, todas las características del Reino de Dios son positivas, ya que todos los atributos y virtudes de Dios son positivos.

Por el contrario, todas las características del reino de Satanás son negativas, porque su carácter es negativo.

La luz, la vida, el amor, la verdad, la honra y la fe son todas características del Reino de Dios, y todas son positivas. Las tinieblas, la

> **LA JUSTICIA ES SIEMPRE POSITIVA. EL PECADO ES SIEMPRE NEGATIVO.**

muerte, la lascivia, la mentira, la deshonra, y el miedo son del reino donde gobierna Satanás.

La justicia es siempre positiva. El pecado es siempre negativo.

Por eso es que la conversión es necesaria para la vida humana. Hasta nuestras actitudes, hábitos, patrones de pensamiento, emociones, relaciones, y apetitos tienen que convertirse constantemente. Como somos negativos por naturaleza, acondicionados al fracaso en este mundo y sujetos al pecado, es necesario que nos convirtamos en todos los aspectos de nuestra vida.

Por ejemplo, los hijos nunca les piden nada a sus padres una sola vez. Saben que la respuesta natural será negativa, de modo que piden hasta que sus padres se convierten de una actitud negativa a una positiva. El mismo principio se puede aplicar a los vendedores. Ellos saben que la reacción inicial del cliente será generalmente negativa. Los seminarios de motivación de ventas enseñan cómo convertir al cliente de negativo a positivo. El remordimiento del comprador a veces ocurre cuando una persona compra en un estado negativo, causando que desee devolver el artículo que compró, y que le devuelvan su dinero.

Esto no es poco común en los ministros tampoco. Oiga orar a los ministros exitosos. Generalmente comienzan confesando delante de Dios quiénes son en Cristo. Le dan gracias por lo que ha hecho en sus vidas, le alaban por lo que hará cuando salga Su Palabra, y le reconocen por las señales, maravillas y milagros que ocurrirán.

La expectativa es el ambiente adecuado para los milagros.

Crear un ambiente de expectativa es prepararse para tener éxito.

Oral Roberts hacía esto con su primer saludo, diciendo: "¡Algo bueno le va a ocurrir!" Inmediatamente creaba un ambiente de expectativa. Y lo hacía con palabras positivas de fe, declarando que Dios es bueno.

> CREAR UN AMBIENTE DE EXPECTATIVA ES PREPARARSE PARA TENER ÉXITO.

Considere al hombre cuya madre lo despertó en la mañana para que fuera a la iglesia, y él le dijo que no iría. Cuando ella le preguntó por qué no quería ir, él le contestó enfáticamente: "Esa gente no me quiere; me siento solo ahí, y además nunca me escucha nadie".

Luego él se volvió a su madre, y le preguntó por qué pensaba que debería ir. La respuesta de ella fue sencilla y franca.

"En primer lugar, eso no es cierto. En segundo lugar, ellos sí te quieren. Y en tercer lugar, tú eres el pastor".

Usted dirá que este es un chiste viejo. Pero ¿cuán prósperos son otros hombres que tienen la misma actitud con su trabajo, con sus colaboradores y con las personas en general?

Todos tienen que convertirse de lo negativo a lo positivo. Incluso usted.

Durante trece años, José pasó una y otra vez por circunstancias negativas. Pero mantuvo una actitud positiva de fe.

Nunca desistió de su sueño. Él se mantuvo en constante comunicación con Dios.

La comunicación es la base de la vida. Cuando se detiene, sobreviene la anormalidad. A menos que haya reconciliación y comunicación renovada, la anormalidad final es la muerte.

Una flor fructificará constantemente mientras permanezca en el tallo, y el tallo esté en la planta. Una vez que se corta y se interrumpe la comunicación con sus fuentes de vida, sobreviene la anormalidad, y la flor se marchita y muere.

Este proceso de comunicación se encuentra en todo en la vida, ya sea en la vida vegetal o en las relaciones humanas.

En la parábola del hijo pródigo, Jesús nos da el ejemplo de lo que ha sido la humanidad. La parábola es más que solo la historia de un joven que se va de la casa. En ella, Jesús nos da la misma enseñanza definitiva y básica de la historia de la humanidad desde la perspectiva divina. El patrón es: rebelión, ruina, arrepentimiento, reconciliación y restauración.

El arrepentimiento es el punto crucial entre la ruina y la reconciliación.

Cuando el hijo pródigo interrumpió la comunicación con su padre y se apartó, comenzó a vivir una vida anormal. Solo cuando volvió en sí y se arrepintió pudo restablecer la comunicación que lo llevó a la reconciliación y a la completa restauración.

Dios quiere que su vida termine en un estado positivo.

Si se ha interrumpido su comunicación con Dios a causa del pecado, arrepiéntase,
reconcíliese con Él, y permita que lo restaure al lugar

EL ARREPENTIMIENTO ES EL PUNTO CRUCIAL ENTRE LA RUINA Y LA RECONCILIACIÓN.

que le corresponde en Su Reino por medio de Jesucristo,
nuestro Señor. Dios puede hacer esto en todos los aspectos
de su vida.

En un retiro que celebramos en Colorado Springs, vino a
mí un hombre después del culto, y con mucha emoción me
contó la siguiente historia:

"Hace siete años que mi hija se fue de la casa. Yo llegué aquí
con el director de *Teen Challenge*. El director piensa que
necesito este retiro antes que me encuentre con mi hija la
semana siguiente.

"Hace siete años que ella se fue de la casa, y desde entonces
yo la he culpado, he estado enojado con ella, la he negado y
la he rechazado. Ella se ha drogado, se ha prostituido, y ha
hecho cuantas otras cosas usted pueda pensar. Mi actitud
ha sido muy negativa.

"Esta noche Dios me ha revelado que la rebelión de mi hija
no fue por su culpa, sino por la mía. Cuando estaba en la
escuela, ella quería tener lentes de contacto en vez de anteojos, para lucir mejor. Cuando se los compré, le dije que si
los perdía no le compraría otros. Efectivamente, tres días
después de tenerlos, se le cayeron en el desagüe del baño.
Cuando pidió otro par, le negué su pedido. Me rogó y gritó.

Procuró por todos los medios imaginables que le comprara otro par, pero rechacé todos sus intentos.

"Dos días después, me volvió a pedir que le comprara otro par de lentes, y volví a negarle su pedido. Entonces se quitó los anteojos, los arrojó al suelo, y los pisoteó. Me enfurecí, y le dije que si se le había ocurrido hacer eso, bien podía ir a la escuela sin anteojos. Ella lo hizo, pero al día siguiente, cuando fue a la escuela, no volvió a casa.

"Hace siete años que se fue. Todo este tiempo me había parecido que ella era la culpable. Pero esta noche Dios me abrió finalmente los ojos y tuve el valor de enfrentar la realidad, reconocer mi necesidad, así como mi pecado, y pedirle a Dios que me perdone a mí – no que la perdone a ella –, y que nos reconcilie y restaure nuestra relación.

"Ed, Dios ha hecho un milagro en mi vida y a duras penas puedo esperar ver a mi hija la semana que viene para llevarla de regreso a casa, donde debe estar".

El hombre tuvo éxito. Pero tuvo que arrepentirse, e ir de la ruina a la reconciliación. Valió la pena. Ahora él no solo anda y habla con Dios, sino también Dios ha hecho posible que él viva una vida normal con su hija.

Hay muchas maneras en que los hombres pueden tener éxito. El éxito se halla en muchos aspectos de nuestra vida.

Dios ha hecho posible que lo mismo ocurra en su vida.

Confíe en que Dios lo hará hoy.

Capítulo 5

FUNDAMENTOS DEL CARÁCTER

El caso de Watergate fue un momento decisivo en la historia de los Estados Unidos. Reveló la autoridad de la Constitución de los Estados Unidos en una forma nunca antes vista. Así mismo reveló el carácter de los hombres en relación con ella.

Probablemente Jeb McGruder, que estuvo implicado en el caso, lo resumió mejor cuando dijo: "Estuvimos dispuestos a subvertir nuestro propio carácter moral al carácter del grupo, pero nos hundimos en el proceso. No puedo justificarlo, pero puedo decir que eso no fue único. Hubo treinta y ocho personas involucradas en el caso de Watergate. La mayoría de ellas eran abogados y hombres de negocios prósperos y muy competentes, todos con buenos motivos. No vinimos a Washington para cometer crímenes, pero lo hicimos".[1]

Debido a que somos personas con aspectos externos, podemos acondicionarnos fácilmente al fracaso por medio del ambiente o las circunstancias.

La Palabra de Dios dice: "(...) *encarga a hombres fieles que sean idóneos para enseñar también a otros*".[2] El principio es que tenemos que buscar carácter en nuestros líderes, y Dios añadirá la capacidad.

Se pagan millones de dólares a estrellas de cine, atletas y artistas de *rock-and-roll*, muchos de los cuales tienen mala reputación. Luego nos quejamos cuando algún pastor, evangelista o ministro que procura seriamente inculcar los valores morales y eternos en nuestra sociedad, recibe un salario decente. Los pastores que hacen un verdadero trabajo para Dios deberían ser las personas mejor pagadas del mundo.

Es verdad que algunos pastores fallan en ser pescadores de hombres por una simple razón. Ningún pescador jamás limpia su pez antes de pescarlo, y muchos ministros tratan de hacer precisamente eso.

Años atrás mi madre me enseñó algo que nunca he olvidado. Me dijo entonces: "Hijo, algunas personas son mejores por naturaleza de lo que otras son por gracia".

LA FIDELIDAD ES LA PIEDRA ANGULAR DEL CARÁCTER.

A menudo las iglesias les dan cargos de responsabilidad a los hombres de talento o capacidad, y luego se frustran cuando intentan producir carácter en ellos. La fidelidad es la piedra angular en la formación del carácter, en el desarrollo de los negocios, y en la constitución de la familia y de la Iglesia. La fidelidad es la piedra angular del carácter.

Para que Dios lo use a usted, todo lo que necesita tener es este único pre-requisito: la fidelidad. Dios le proveerá la capacidad. José tenía esa cualidad dominante de la fidelidad.

Se dice del bisabuelo de José, Abraham, que a dondequiera que Dios lo guiaba, edificaba su altar y armaba su tienda. En la actualidad hay demasiados hombres que edifican sus tiendas y levantan sus altares, dando más importancia a lo material que a lo espiritual.

Las personas dan más importancia a lo menos importante. El mundo le da más importancia al talento que al carácter. Debemos convertirnos constantemente en nuestro pensamiento para que no sucumbamos a lo negativo.

El sueño de José vino de Dios cuando tenía diecisiete años. Él no lo habría podido recibir si no hubiera estado en una buena relación con Dios.

La edad no tiene nada que ver con oír a Dios. La relación con Dios sí tiene todo que ver.

Tanto Elí como Samuel estaban en la casa de adoración. Samuel era tan solo un niño cuando Elí era un anciano. Samuel oyó la voz de Dios; Elí no. La diferencia no fue su edad, sino su relación con Dios.

José era receptivo a la revelación; sus hermanos no. Cuando oía hablar a su padre del pacto existente entre el padre de Jacob, Isaac, y su padre Abraham, él lo asimiló en su espíritu. El conocimiento es como el alimento: lo que cuenta no es cuánto comemos, sino cuánto asimilamos.

Hay cuatro períodos distintos en la vida de José: en su casa, en la casa de Potifar, en la cárcel, y como primer ministro de Egipto.

Su vida entera fue una crisis tras otra. Dios usaba las crisis para desarrollar el carácter de José. La crisis es normal en la vida. La crisis es el proceso que Dios usa para llevarnos de una situación o relación transitoria a una permanente.

El dolor es el maestro más grande de la vida.

En todo esto, la sumisión de José no fue a las circunstancias, sino al Dios de la gloria trascendente, quien pudo tomar cada dolor, y hacer que finalmente obrara para el bien de José.

Por medio de Su gloria trascendente, Dios sacó a José de la cárcel, y lo puso en la mansión del primer ministro. Dios puede rescatar, salvar y santificar a un borracho, y hacerlo un gran evangelista. Dios puede tomar, librar y limpiar a una prostituta que ha estado bajo el dominio de los demonios, y hacerla un ejemplo de fe para otras mujeres. Dios puede tomar las cosas que no son, y convertirlas en cosas que son para Su gloria.

Lo que Dios hizo por José puede hacerlo por usted. Dios puede tomar su vida como está, hacer de ella algo especial, y traer gloria a Su nombre.

José fue genuino en su deseo de buscar a Dios. Fue tan favorecido, aun por su padre, que su padre mandó a hacer una túnica especial para él. Cada vez que sus hermanos la veían, lo envidiaban. Ellos malinterpretaron su deseo de oír cosas espirituales de su padre, como un deseo de congraciarse con él.

Cuando José le contaba a su padre lo malo que hacían sus hermanos, estos lo veían de la misma manera que los presos consideran a un delator. José les contó su sueño a sus hermanos, y ellos decidieron deshacerse de él. El pensamiento de que José gobernara sobre ellos era más de lo que podían soportar.

Después José podría decirles: "*Vosotros pensasteis mal contra mí, mas Dios lo encaminó a bien, (…)*".[3] Ellos miraban la apariencia externa de las cosas; José miraba el interior de ellas.

El valor de una cosa es siempre interno, más que externo.

Se les demanda mucho a quienes se les ha dado mucho. Este es un principio del Reino, porque los que tienen autoridad tienen más responsabilidad. *Dios nunca da autoridad sin responsabilidad.*

EL VALOR DE UNA COSA ES SIEMPRE INTERNO, MÁS QUE EXTERNO.

Mi hijo Paul me llamó un día, y me pidió consejo sobre una inversión. Comenzó a darme los nombres de los inversionistas que participaban en el negocio, y trataba de impresionarme con el valor de la inversión basándose en la credibilidad de las personas que nombraba.

Yo le dije:

"Hijo, tú no inviertes en compañías; inviertes en hombres.

¿Quiénes dirigen la compañía?".

"No sé", fue su respuesta.

"Entonces no inviertas hasta que sepas quiénes dirigen la compañía. De ello depende el éxito de los inversionistas".

"Pero mira a todos los que están en la compañía", replicó.

EL CARÁCTER ES SIEMPRE MÁS IMPORTANTE QUE EL TALENTO.

"Eso no significa nada. Su dinero no es mejor que los hombres que dirigen la compañía. Tú no inviertes en la reputación de los inversionistas; inviertes en el carácter de los hombres que dirigen la compañía", le contesté.

El carácter es siempre más importante que el talento.

La inversión de Dios en usted es por la eternidad.

Su valor para Dios está en que su carácter es semejante a Cristo.

Capítulo 6

IMÁGENES EN MI MENTE

Las palabras, los hechos y los sentimientos crean imágines en nosotros.

Una de las cosas más poderosas que usted puede hacer en su vida es crear una imagen. Y la segunda cosa más poderosa que puede hacer es destruirla.

El sueño que Dios le dio a José creó en su mente una imagen de lo que era, y de lo que iba a ser.

Somos motivados a convertirnos en lo que nos imaginamos que somos.

> SOMOS MOTIVADOS A CONVERTIRNOS EN LO QUE NOS IMAGINAMOS QUE SOMOS.

Según los psicólogos, dos tercios de las impresiones de nuestra vida son hechas antes de cumplir los siete años. La mayor parte del conocimiento básico de la vida, como la habilidad de leer y escribir, se nos da antes de que tengamos diez años. Por eso los educadores estadounidenses pueden dar la prueba universitaria de aptitud académica antes que los estudiantes tengan trece años.

En realidad, los años formativos de nuestra vida infantil recaen sobre nosotros cuando envejecemos. Con mucha frecuencia, los problemas de la edad adulta tienen su origen en la niñez. El noventa y nueve por ciento de todos los que maltratan a los niños en los Estados Unidos fueron maltratados también cuando eran niños. Otras estadísticas indican el ciento por ciento en algunos casos. Lo que nos sucede en nuestros primeros años nos causa ansiedad, estrés y tensión más tarde en la vida.

Esto es verdad en todos nosotros. *Cada imagen creada tiene el potencial para el bien o para el mal.*

Hace poco una señorita escribió una carta en respuesta a uno de nuestros programas radiales. En ella decía: "Hagan el favor de decirles a los padres que su influencia puede afectar la vida de sus hijos.

"Cuando mi padre regresaba a casa de la iglesia, se sentaba a ver los programas futbolísticos de la televisión, y hacía comentarios sobre las porristas. Era la única vez que lo oía decir cosas buenas sobre las mujeres. Así que comencé a vestirme y a actuar como ellas para conseguir la aprobación de mi padre.

"Pero esto me llevó a la promiscuidad sexual y a toda clase de males. Yo tenía una imagen de lo que creía que debería ser, pero estaba equivocada."

Cuando les enseñamos a los niños a discernir el bien del mal, es sumamente importante que lo hagamos correctamente. Cuando un niño es criado por una madre o un padre creyente, y llega a la casa con una palabra soez que ha aprendido en la escuela o de un vecino, la reacción de la madre puede durar toda la vida. La madre reacciona en exceso y exagera el problema para asegurarse que el niño no vuelva a usar esa palabra, y le dice: "Nunca vuelvas a usar esa palabra o Dios no te querrá". Después, cuando el niño vuelve a usar la palabra, piensa que Dios no lo ama, así que no ve por qué tenga que preocuparse. Entonces no se refrena en el uso de obscenidades.

En la pubertad, cuando se descubre el sexo, y la masturbación llega a ser una realidad, los padres desean evitar que esta se convierta en hábito. Más de una madre le ha dicho a su hijo: "No hagas eso o cometerás un pecado imperdonable". Tal vez ella no diga que lo es, pero por la manera en que comunica la idea crea una imagen en la mente de ese joven de que si lo hace, es un pecado imperdonable.

Así que cuando esto vuelve a suceder, el joven razona que ha cometido el pecado imperdonable. Por tanto, ¿por qué trataría de servir a Dios si cree que ya está perdido?

En realidad, Satanás no tiene más que dos armas en su arsenal: la tentación y la acusación. Cuando no puede atrapar a alguien por medio de la tentación, lo hará por medio de la acusación.

La acusación de haber cometido el pecado imperdonable es común a todos a los hombres. Casi todo sentimiento de culpa tiene en sí esta cualidad. Por eso es tan importante crear las imágenes correctas por medio de las palabras, los hechos y los sentimientos.

Uno de los ministerios comunes a todos los consejeros es el de destruir las imágenes viejas que han sido creadas y construidas en forma negativa, para recrearlas y reconstruirlas en forma positiva. La nueva construcción es siempre más fácil que la reconstrucción.

> **LA NUEVA CONSTRUCCIÓN ES SIEMPRE MÁS FÁCIL QUE LA RECONSTRUCCIÓN.**

Muchos padres se preguntan por qué sus hijos actúan cómo lo hacen, cuando ellos mismos crearon la distancia entre sus hijos y Dios, por la imagen que crearon en la mente de su hijo.

Los niños cuya imagen de Dios viene de salas de escuela dominical húmedas, oscuras y desaseadas; y de maestros ineptos, no consagrados y carentes de preparación tienden a tener severos problemas espirituales con relación a Dios.

Como ministros, a menudo creamos más ansiedad que paz en las personas. Con nuestras palabras, gestos y estados de ánimo transmitimos una imagen de Dios y Su actitud hacia nosotros. Algunos hasta hacen que las personas piensen que van al infierno a causa de lo que hacen, en vez de por lo que no hacen.

Jesús enseñaba en parábolas para crear imágenes. Él sabía que ellas serían factores de motivación en las vidas de los que lo oían.

Por eso la televisión es un medio de comunicación tan poderoso. La radio nos permite crear nuestras propias imágenes, pero la televisión lo hace por nosotros.

Todos hemos visto las viejas películas románticas donde el chico y la chica se buscan uno al otro hasta que llegan a un acuerdo: él ofrece matrimonio y ella acepta. Cuando se abrazan y se besan, se escucha la música, y aparecen los nombres de los que participaron en la película, encabezada por el... "FIN".

Cuando dos personas se casan no es el fin. Es solo el comienzo, y todas las personas casadas lo saben. Pero una imagen de la televisión crea una ilusión.

Muchos cristianos creen que cuando son salvos se terminan todos sus problemas. El hecho es que fuimos, somos y seremos salvos. Es un proceso gradual que comienza en un momento, pero termina en una eternidad.

La verdad es que, después de nacer de nuevo, en vez de vivir en el mundo unidimensional de la carne, usted vive en el mundo bidimensional de la carne y el espíritu. Esto a veces crea más problemas que antes. Antes no sabíamos qué o quién causaba nuestros problemas. Ahora que somos cristianos, lo sabemos. ¡Pero ahora tenemos un Salvador que nos librará de todos ellos!

> CUANDO USTED CAMBIA UNA IMAGEN, CAMBIA EL COMPORTAMIENTO, Y EL CAMBIO DE COMPORTAMIENTO CAMBIA LOS SENTIMIENTOS.

La renovación del espíritu y de la mente es un proceso viable y real de la vida espiritual. De esa constante renovación viene un constante mejoramiento y establecimiento de las imágenes de Dios, de nosotros y de otros, que es espiritualmente saludable. Cuando usted cambia una imagen, cambia el comportamiento, y el cambio de comportamiento cambia los sentimientos.

Los que tienen éxito en la vida tienen buenas imágenes de sí mismos, y los que fracasan tienen malas imágenes. Esto no es solamente una enseñanza sicológica, sino también un principio del Reino que proviene directamente de la Palabra de Dios.

La imagen que usted tiene de Dios en su mente es más importante que la suya propia.

Jesucristo vino en persona a cambiar el entendimiento que las personas tenían de Dios. Los maestros de la ley de Dios habían amontonado tantas interpretaciones humanas sobre interpretaciones ya existentes, que la revelación que Dios había hecho de Sí mismo a los hombres se había deformado y distorsionado. Eso creó toda la disputa entre Jesús y los fariseos.

Dios quiere que lo conozcamos personal e íntimamente.

Si su imagen de Dios la ha recibido por medio de sermones, tradiciones de denominaciones, doctrinas de hombres o las experiencias personales de alguien, va a tener un problema. O ya lo tiene.

A través de la nación, les he dicho a los ministros de Dios que no se dejen intimidar en sus ministerios por las filosofías o religiones de otros hombres.

Sé lo que esto puede hacer. Lo he visto en mi propia vida y en las vidas de otros.

Nunca olvidaré cuando un oficial de cierta denominación religiosa enseñaba a los ministros jóvenes sobre procedimientos de crecimiento de la iglesia. Su teoría era que cada vez que una iglesia crecía hasta tener cien miembros, debía comenzar inmediatamente a fundar otra iglesia en la ciudad. Decía que diez iglesias de cien miembros en una ciudad eran mejores que una iglesia de mil miembros.

Esto es un gran error.

Él había desarrollado esa filosofía racionalizando para justificar sus propios sentimientos de insuficiencia, y ahora les pasaba su fracaso a otros jóvenes.

Después descubrí que este ministro nunca había pastoreado una iglesia de más de cien personas. Había ido al campo misionero, donde ocurrió lo mismo. Ahora que estaba de regreso en su país con un cargo de influencia, esta era la filosofía que defendía.

Es el síndrome de Saúl.

Saúl trataba de matar a David porque el pueblo cantaba que Saúl había matado a sus miles, pero David a sus diez miles. Los celos de Saúl se encendieron contra David. Saúl no podía soportar la idea de que David lo superara.

El hecho de que la imagen de David llegara a ser mayor que la de él motivaba a Saúl a intentar destruir a David.

> **NO PERMITA QUE NADIE LE CREE UNA IMAGEN DE FRACASO, O LE DESTRUYA UNA IMAGEN DE ÉXITO.**

No permita que nadie le cree una imagen de fracaso, o le destruya una imagen de éxito.

La lucha contra la imposición de las imágenes que otros tienen de lo que nosotros debemos ser, o de lo que la Iglesia del Señor debe ser, es un proceso que dura toda la vida.

Esa es la razón por la que debemos buscar diariamente la Palabra de Dios para nosotros, y hacer que el Espíritu Santo grabe en nuestras mentes y corazones las verdades de ella, para que estas imágenes vengan de Dios y no de los hombres.

Es Jesucristo quien murió por nuestros pecados, derramó Su sangre, y resucitó de los muertos a fin de redimirnos para Dios. Es Su Iglesia, Su verdad, Su espíritu, Su vida. Todo es Suyo.

Esto se demostró de manera contundente una noche en Denver, donde cientos de hombres me escuchaban. Todavía recuerdo claramente las palabras: "Si usted está aquí esta noche", prediqué, "y es miembro de la junta de su congregación, pero insiste en que su iglesia se edifique conforme a la imagen que tiene en su mente de lo que ella debería ser, y no permite que el Espíritu Santo la edifique y reedifique, tengo una palabra para usted".

"Usted trata con la Iglesia por la que Cristo dio su vida, y no con un hombre. No puede tratar con ella como si fuera un negocio. Usted puede usar distintos métodos de negocios, pero es aún Su Iglesia.

"Si usted está aquí y no permite que en su iglesia ocurran cambios para que alcancen a su comunidad para Cristo, y sí insiste en que se usen los mismos métodos,

> LO QUE DEBE CONTAR EN SU VIDA NO ES LO QUE USTED Y OTROS PIENSAN, SINO LO QUE PIENSA DIOS.

procedimientos, horarios y tradiciones porque así es como era cuando llegó a la iglesia, está en peligro de invalidar la Palabra de Dios con su tradición.

"El mensaje no cambia nunca, pero el método sí. Si usted insiste en que las cosas se hagan según la imagen que tiene de cómo debería ser, y no le permite a Dios ser el Creador, tengo una palabra para usted y es esta: Renuncie".

Lo que debe contar en su vida no es lo que usted y otros piensan, sino lo que piensa Dios.

Tener a Dios complacido con usted, y llevar en su mente esta imagen es la gloria.

Capítulo 7

SUBIMOS BAJANDO

Y el que de vosotros quiera ser el primero, será siervo de todos."[1] es el principio de grandeza que nos dio Jesús. Es un principio del Reino de Dios.

Ejercer el liderazgo no es solo ponerse de pie y dar órdenes.

Estamos calificados para dirigir, solo en la medida en que estemos dispuestos a servir. Cuanto más servimos, más grandes somos.

Un canal de televisión es mayor que los demás porque sirve al mayor número de familias. Una compañía de automóviles es mayor que las otras porque sirve a más clientes. Una iglesia es grande porque sirve a más miembros. Mientras más sirvan, más grandes serán.

> ESTAMOS CALIFICADOS PARA DIRIGIR SOLO EN LA MEDIDA EN QUE ESTEMOS DISPUESTOS A SERVIR.

Jesús dijo que cómo cuidáramos de otros sería la medida de nuestra propia grandeza.[2]

La grandeza de un padre con su familia se basa en el cuidado que él tiene de ella. La habilidad del padre para guiar se basa en su disposición para servirle. Servir no es servidumbre. La servidumbre es esclavitud. El servicio es un convenio voluntario de amor.

El amor es una característica del Reino de Dios. La codicia es una característica del reino de Satanás. El amor es el deseo de beneficiar a otros a expensas de uno mismo, mientras la codicia es el deseo de beneficiarse a uno mismo a expensas de otros.

El amor desea dar. La codicia desea recibir. El amor sirve a otros. La codicia se sirve a sí misma.

> EL AMOR DESEA DAR. LA CODICIA DESEA RECIBIR. EL AMOR SIRVE A OTROS. LA CODICIA SE SIRVE A SÍ MISMA.

José era un hombre amoroso; sus hermanos eran codiciosos. José amaba a Dios, en tanto que la mujer de Potifar codiciaba a José.

Dos tercios de los motivos básicos del mundo son la codicia de la carne y la codicia de los ojos. El otro tercio es la vanagloria de la vida.

Los padres son líderes. Cuando Salomón ascendió al trono de su padre David, le pidió sabiduría al Señor, y le fue dada. La primera revelación de esta sabiduría tuvo lugar cuando dos mujeres se presentaron delante de él. Cada una afirmaba que el niño vivo era suyo, y negaban que fuera suyo el niño que había muerto durante la noche.

Era la palabra de una mujer contra la palabra de la otra. Nadie podía probar ni refutar ninguna de las dos afirmaciones.

Finalmente, con la sabiduría del Señor, Salomón hizo traer al niño vivo, y dio esta orden: "(…) *Partid por medio al niño vivo, y dad la mitad a la una, y la otra mitad a la otra*". La madre que codiciaba al hijo de la otra y se había acostado sobre el suyo, de modo que este murió, accedió a recibir la mitad del niño.

La madre que amaba a su hijo gritó: "*¡Ah, señor mío! dad a ésta el niño vivo, y no lo matéis (…)*".[3] Cuando Salomón oyó esto, ordenó que le dieran el niño. Su disposición de dar fue evidencia de su amor.

El amor y la codicia se me revelaron de un modo muy notable por medio de la vida de un hombre llamado Bob. Este era bien parecido, exitoso en los negocios, popular en la comunidad, excelente en los deportes, y fracasando en su matrimonio. Dios quiere que mantengamos un balance en todo lo que hacemos. Un hombre puede tener éxito en un aspecto de su vida, pero puede fracasar en otro.

Durante catorce años de matrimonio, Bob creía que todos los problemas que él y su esposa tenían eran por culpa de ella. La animaba constantemente a asistir a estudios bíblicos, reuniones de oración, y cualquier otra cosa donde él pensaba que ella podría obtener ayuda.

Él era el líder en el hogar. Él pensaba que estaba ejerciendo su liderazgo en su casa enviando a su esposa a buscar ayuda, pero no se daba cuenta de que era él quien la necesitaba.

Entonces Dios le habló a Bob en un seminario.

Tres meses después de haber asistido, Bob me confesó lo que le había ocurrido en su vida.

"Ed, esto es real. Todos estos años yo creía que todo era culpa de mi esposa. Pero cuando oí en este ministerio sobre el amor y la lascivia, me sentí muy impresionado. Todo este tiempo yo había sentido un deseo lascivo por mi esposa, sin amarla.

"Todo lo que yo quería era que ella me complaciera. Todo lo que quería era mi propia satisfacción. Todo lo que yo quería...Hombre, yo era lascivo. Mi lascivia no era vulgar, sino egoísta. Solo quería todo lo que pudiera recibir de mi esposa, pero no le daba nada.

> **LO QUE IMPORTA NO ES SI SABEMOS O DECIMOS ALGO, SINO SI LO VIVIMOS.**

"Hoy tengo todo lo que deseo, todo el amor, y toda la satisfacción que quiero. Ahora soy uno de los hombres más dichosos de la tierra. He aprendido a amar. ¿No es maravilloso? Gracias a Dios que lo aprendí antes de que fuera demasiado tarde para mí, como lo ha sido para otros".

El ejercicio del liderazgo con amor, en vez de la lascivia, desarrolló en este hombre una vida completamente nueva. Llegó a ser líder a través del amor, aprendiendo a servir.

El amor tiene un poder inspirador que eleva.

Cierta vez oí a Charles Capps hacer esta valiosa afirmación: "No practico lo que predico, sino predico lo que practico".

Lo que importa no es si sabemos o decimos algo, sino si lo vivimos.

Podemos vivir en uno de cuatro niveles de la vida:

Basándonos en la suposición, pero la suposición es el más bajo nivel de conocimiento.

Basándonos en el conocimiento, que viene de los hechos. Podemos saber algo, pero no hacerlo. ¿De qué nos sirve?

Basándonos en las destrezas, que es la capacidad de poner en acción el conocimiento. El hacer algo una vez, sin embargo, no hace que tal cosa llegue a ser parte de nuestra manera de vivir.

Basándonos en la práctica, que es el supremo nivel del aprendizaje. Para ser eficaz, debe ser parte de nuestro estilo de vida. El liderazgo se vive en este nivel.

Todo líder o maestro se ve limitado por tres cosas en su vida:

+ El conocimiento de su propia mente.

+ El valor de su propio carácter.

+ Los principios sobre los cuales está edificando su propia vida.

Los atletas son los príncipes de los Estados Unidos. En virtud de su visibilidad y capacidad, son presuntamente líderes de otros hombres. Se escribe en forma heroica sobre todos sus actos. Nos guste o no, guían a nuestros jóvenes por medio de su ejemplo.

¡Qué devastador es leer sobre su implicación en las drogas, arrestos, culpa, sentencias, y encarcelamiento! Sus protestas de que sus vidas privadas no tienen nada que ver con su ejecutoria pública son simplemente excusas para ocultar su vergüenza.

El buen liderazgo requiere conocimiento, carácter y principios.

La Escritura enseña que el labrador, para participar de los frutos, debe trabajar primero[4], lo que simplemente significa que el líder tiene que practicar primero lo que quiere que otros hagan para que después lo sigan.

> **EL BUEN LIDERAZGO REQUIERE CONOCIMIENTO, CARÁCTER Y PRINCIPIOS.**

No puede haber una denuncia pública eficaz del pecado a menos que antes haya una renuncia privada.

En 1 Reyes 13, la Biblia nos refiere el caso de un varón de Dios a quien Él le mandó que fuera a predicar la Palabra, pero que viviera de cierta manera mientras iba y regresaba[5]. El vivir de una manera consagrada hace eficaz la predicación de la Palabra.

La transposición es un problema común en nuestra sociedad, ya se trate de una secretaria que transpone letras, palabras o frases, o de un predicador que transpone la Palabra y su consagración. Muchos ministros predican su consagración y tratan de vivir la Palabra predicada, en vez de vivir su consagración y predicar la Palabra.

Cuando los ministros procuran mantener en su molde a cada miembro de su congregación, lo único que hacen es formar cristianos aburridos. Usted predica la Palabra y vive su consagración.

Mi esposa Nancy y yo tenemos unos amigos que forman un matrimonio maravilloso, y disfrutamos de su compañía y ministerio. Jim y Joy Dawson han hecho mucho bien en su ministerio con *Juventud Con Una Misión* en todo el mundo.

Joy había ido a enseñar en la iglesia que yo pastoreaba hace muchos años. Una mañana tuve la oportunidad de jugar una partida de golf, y le pregunté a Joy si quería acompañarnos en el paseo. Aceptó la invitación, y fue con nosotros.

Era un hermoso día soleado, ideal para el esparcimiento. Mientras caminábamos, Joy sostenía una conversación conmigo en tanto que yo trataba de dar el golpe inicial, algunos golpes cortos y otros suaves para que la pelota entrara en el hoyo.

Cuando llegábamos al final del recorrido, Joy me dijo alegremente:

"Pienso que Dios tiene algo para ti y para tu congregación, Ed".

"¿Qué?", le pregunté.

"Algo tan importante que debo esperar hasta mañana para decírselo a toda la congregación", replicó.

"Dímelo a mí ahora, y a ellos se lo dices mañana", le contesté, mientras observaba el golpe suave que trataba de darle a la pelota a la vez que sostenía la conversación.

"Creo que no", dijo ella, denegando mi petición.

Me detuve, la miré, vacilé un momento, pensé, y luego retrocedí para asestar el golpe mientras le decía:

"Si esto es tan importante, dímelo ahora".

Precisamente cuando me preparaba para dar el golpe, me dijo lo que era.

"Dios te está dando la oportunidad de ser uno de Sus pocos éxitos, o una de Sus miles decepciones. Para ser uno de los pocos éxitos de Dios, necesitas alcanzar un grado mucho más alto de santidad, y una comprensión mucho mejor de la intercesión".

Fallé el golpe, pero entendí el mensaje. Este ha sido parte de mi vida desde entonces.

Emprender, no ceder, es la clave de ser líder.

Cuando usted acepta los mandamientos de Dios, está de acuerdo con Él.

El lugar del acuerdo es el lugar del poder.

EL LUGAR DEL ACUERDO ES EL LUGAR DEL PODER.

José era un líder con un corazón de siervo. Dedicó toda su vida a servir a los demás.

Usted puede ser uno de los pocos éxitos de Dios, o una de sus miles decepciones.

Póngase de acuerdo con Dios.

Capítulo 8

LA CONFESIÓN ES BUENA PARA USTED

Cierta vez estuve en Vista, California, para celebrar una serie de reuniones. La característica sobresaliente de estas reuniones fue el número de infantes de Marina que asistieron del cercano campamento Pendleton. Estos infantes de Marina se dieron a Dios literalmente y de todo corazón, y salieron de las reuniones con el gozo del Señor, la efervescencia de la presencia de Dios, y un fulgor divino que irradiaba en sus rostros. Ciertamente conocieron a Dios.

Una noche uno de los hombres que asistió parecía renuente a entregarse al Señor, por lo que varios de sus compañeros se juntaron alrededor de él para animarlo. Luego de llevarlo a una sala lateral, me pidieron que me uniera a ellos, y los guiara en una oración.

¡Qué ocurrencia! Cada elemento de la contrición, del arrepentimiento, del perdón, de la seguridad y de la alabanza estaba en la oración. Solo faltaba una cosa.

Cuando llegó el momento en que el hombre debía expresar su aprecio al Señor por la gracia salvadora, darle gracias por el perdón de sus pecados, y alabarlo por la obra de redención en su corazón, no quiso hacerlo.

Meses después, conversando con el pastor sobre los infantes de Marina y los resultados que había en sus vidas, me dijo que el único que no permanecía en Cristo era el que no había querido consumar su salvación por medio de la confesión. El pecado del infante de Marina era un pecado de omisión.

El principio es que usted está comprometido con lo que confiesa.

> **USTED ESTÁ COMPROMETIDO CON LO QUE CONFIESA.**

José confesó su sueño. En la confesión de ese sueño él estableció su fe y el curso de su vida. La confirmación de nuestra fe se establece con la confesión de nuestra boca.

Nancy y yo hicimos de anfitriones de una serie de programas televisados nocturnos. Durante uno de los programas, comenzamos a platicar con nuestros invitados sobre la bendición de la seguridad, y el gozo que hay en conocer a Jesucristo como Salvador y Señor.

Al día siguiente llamó una señora, y me dijo que ella y su marido tenían una emergencia.

"¿Puede recibirnos?", me preguntó.

"¡Por supuesto!", le contesté.

La señora y su marido viajaron más de sesenta kilómetros hasta la estación de televisión, y entraron en mi oficina a contarme su emergencia.

Su emergencia consistía en el hecho de que habían visto y oído el programa, pero no tenían la seguridad y el gozo del que habíamos hablado.

Mientras trataba de ayudarlos, les pregunté si creían en Dios, en Jesucristo y en la Palabra de Dios.

"Sí", contestaron.

"¿Han confesado sus pecados?", les volví a preguntar. Y su respuesta fue otra vez:

"Sí".

"¿Los perdonó Dios finalmente y los limpió de toda maldad?", les pregunté otra vez. "No sabemos", respondieron.

Los miré, y ellos también me miraron. Tomé una Biblia, la abrí, y comencé a leer un pasaje. Cuando terminé de leerlo, les pregunté otra vez si Dios los había perdonado.

Y de nuevo su respuesta fue la misma de antes:

"No sabemos".

"El problema de ustedes es muy sencillo", les dije. Se sonrieron uno al otro, y luego se volvieron a mí en busca de la solución. Esta se hallaba en las tres palabras que les dije.

"¡Ustedes son incrédulos!"

La conmoción que sintieron fue emocionante. Me apresuré a mostrarles en la Palabra que:

> Si confesamos nuestros pecados, Él es fiel y justo para perdonar nuestros pecados, y limpiarnos de toda maldad.[1]

"¿Confesaron sus pecados?", les pregunté.

"Sí", contestaron.

"¿Los perdonó Dios?".

De repente, con un incipiente reconocimiento, me preguntaron con incredulidad:

"¿Quiere decirnos que todo lo que tenemos que hacer es creer la Palabra de Dios?".

"Eso es".

Simplemente confíe en la Palabra de Dios. Usted no puede hacer la parte de Dios. Dios no hará su parte.

La confesión debe ser balanceada. La fe debe balancear el arrepentimiento. Recibir debe balancear el creer. La firmeza debe balancear la ternura.

El balance es la clave de la vida.

La Escritura nos enseña a confesar a Dios nuestros pecados, y entonces confesar nuestra justicia. Lo que usted cree es lo que confiesa. Confesar, y no creer la confesión es hipocresía.

Las palabras son la expresión de nuestras vidas.

Jesucristo vino como la "Palabra" encarnada, la imagen expresa de Dios. Jesús es la expresión de Dios en la tierra.

Todo el poder creador de Dios está en su Palabra.

Las Escrituras dicen que Dios sustenta todas las cosas con la palabra de Su poder.[2]

La vida se compone de nuestras elecciones, y se construye con nuestras palabras.

Somos la totalidad de las palabras que hemos dicho o que nos han dicho, y hemos recibido en nuestras vidas. Toda mi vida y todo mi ministerio se han construido con palabras, y se sostienen con ellas.

Las palabras escritas en la Constitución de los Estados Unidos sostuvieron a esta nación durante la crisis de Watergate. Las palabras dichas

> **LA VIDA SE COMPONE DE NUESTRAS ELECCIONES, Y SE CONSTRUYE CON NUESTRAS PALABRAS.**

cada domingo desde el púlpito sostienen a la congregación semanalmente en una iglesia local.

Las palabras escritas, así como las habladas, sostienen a grandes universidades con la instrucción.

Toda palabra dicha tiene poder creador. Las palabras crean en forma positiva o negativa. Ellas edifican o destruyen.

En febrero de 1980, mientras viajaba a un retiro de hombres que iba a celebrarse en Oregón, el Espíritu Santo inspiró en mi corazón y en mi mente un mandamiento para los hombres. Fue una sola oración, pero cambió mi vida.

La reacción a esa "palabra" fue tan fenomenal, que comencé casi inmediatamente a celebrar reuniones masivas y seminarios para hombres solamente, en las ciudades principales de los Estados Unidos.

En mayo de ese año, mientras hablaba en una conferencia que se celebraba en Pittsburgh, hice una pausa, miré a la congregación, y le dije: "Oren por mí para que Dios me permita ejercer un ministerio de alcance nacional para los hombres".

En septiembre de ese mismo año, de rodillas en una rústica cabaña en Lago Hume, California, el Señor me impresionó de nuevo con la idea de "especializarme en el ministerio para los hombres".

En noviembre, mientras asistía a una reunión de oración intercesora, alguien oró para que Dios me diera una asistencia de diez mil hombres en nuestras asambleas de 1981. Eso fue recibido como la voluntad de Dios, nos sirvió de guía, y ese año asistieron más de quince mil hombres.

Pero el 24 de abril de 1981, cuando George Otis dijo: "Este ministerio se está retrasando", ocurrió un cambio abrupto en mi vida. En veinticuatro horas, había renunciado a todo vínculo o compromiso. El domingo entré en el templo donde pastoreaba, y le dije a la iglesia: "Este puede ser el culto más extraordinario al que les haya tocado asistir, porque cuando les dé la bendición, será la última vez que estaré aquí como pastor".

Luego de impartir la bendición, mi esposa y yo dejamos una congregación asombrada, y empezamos este ministerio para hombres. Tres años después, celebramos nuestro primer Evento Nacional de Hombres Cristianos con una asistencia de 7,800 hombres, una de las reuniones más grandes de hombres en la historia de la Iglesia.

Todo este ministerio se construyó con palabras que Dios, otros y yo mismo habíamos dicho. Todo el ministerio, que ahora cuenta con miles de hombres comprometidos, se sostiene con las palabras escritas y dichas.

Es el modelo de Dios.

Dios habló, y su Palabra salió a producir lo que ella ordenó.

Mi propósito al decirle esto es asegurarme de que entienda que los sueños dados por Dios, y la confesión de ellos, constituyen todavía el proceso que Él usa hoy para llevar a cabo sus propósitos.

Dios lo hizo por José.

Dios lo hizo por mí.

Dios lo hará por usted.

Confiese el sueño que Dios le dio.

Conságrese a él, y haga que se convierta en realidad.

Hágalo.

Capítulo 9

ESTÁ EN SU BOCA

Una de las cosas que me asombran es el número de hipócritas que hay en el mundo. No me refiero a los que hablan del Señor, pero no viven lo que dicen. Me refiero a los que se niegan a hablar, o a vivir, lo que realmente saben en su corazón.

La hipocresía es el pecado que se mueve en silencio, excepto para Dios. El significado etimológico de la palabra hipocresía es "acto de representar un papel en el escenario".

Años atrás, el actor que representaba un papel en el escenario cambiaba de personaje usando una máscara. La máscara era un disfraz. En la actualidad, esto se aplica a la vida de una persona, como uno que es un hipócrita, un "enmascarado".

Hablando en términos generales, la palabra hipócrita se aplica a una persona que dice una cosa con su boca, pero luego vive de manera completamente distinta. O se aplica a uno que cree una cosa en su corazón, pero dice otra con su boca.

Phil solía hablar conmigo de las cosas de Dios cuando estábamos juntos, pero no lo hacía si me encontraba con él cuando él estaba con otras personas. La presión de los semejantes, el miedo al hombre, la cobardía moral, y otros motivos impiden que las personas se identifiquen con Jesús.

Nunca olvidaré el día en que viajaba en un avión hablando al pasajero que iba sentado al lado mío. Era un ingeniero químico que trabajaba en una compañía petrolera de los campos de California. De cada dos palabras que decía, una era una obscenidad.

Los días turbulentos en que este hombre trabajaba de peón en el campo deben haber perdurado hasta estos días tranquilos. Era un hombre admirable, pero ¡cómo blasfemaba! Hablaba todo el tiempo de Dios y de Jesús, pero no lo hacía para alabarlos, sino para maldecirlos. Mi espíritu estaba afligido con todo eso.

Toda la conversación era acompañada por una cantidad igual de licor. Parecía que la locuacidad salía del licor.

Finalmente, cuando hizo una pausa para tomar aliento, me preguntó qué hacía yo para ganarme la vida.

"Soy un ministro de Dios", fue todo lo que le dije.

El hombre apagó el cigarrillo, ocultó la botella, y dejó de decir obscenidades para comenzar a contarme que era miembro de una iglesia en California, que estaba comprometido con una organización juvenil, y que su sociedad fraternal le hacía un gran bien a la humanidad.

Su máscara cambió. Lo miré, y me pregunté cuántas máscaras usa: una para su esposa, otra para sus hijos, otra más para su jefe, sus compañeros de trabajo, sus hermanos de la fraternidad, sus vecinos, y solo Dios sabe cuántas más.

Es la clase de hombre a la que me refería; la clase que, profundo en su corazón, cree que Cristo es su Salvador, pero no lo confiesa ni lo vive. Estos también acusan a la Iglesia de tener tantos hipócritas. Bazofia.

Usted está comprometido con lo que confiesa.

La razón por la que muchos hoy no quieren hacer votos de amor y fidelidad al contraer matrimonio, es que no quieren hacer ningún compromiso. "Hasta que la muerte nos separe" es una condición que exige dar demasiado para hacerla realidad. Usted sabe que el matrimonio tiene serios problemas cuando uno de los cónyuges deja de confesar su amor, o cuando lo confiesa, pero no lo cree. Hipócritas.

Estaba predicando en una iglesia del noroeste de nuestro continente, y acababa de enunciar el principio de que "estamos comprometidos con lo que confesamos". Cuando dije esto, el Espíritu de Dios brotó en mi alma, y miré al auditorio de 15,000 personas para impartirle una "palabra" de parte de Dios.

"No sé dónde está usted, señor", dije, "pero está aquí esta noche. Usted nunca ha confesado a Jesucristo como su Salvador en el trabajo, y la razón por la que no lo ha hecho es que no ha querido comprometerse a vivir la vida de Jesús delante de otros hombres.

"Usted, señor, es un cobarde moral, y yo le ordeno arrepentirse, en el nombre de Jesucristo de Nazaret. Pídale a Dios que le perdone este pecado, confiese públicamente a Jesucristo esta noche, y mañana cuando se vaya a trabajar, sepa que lo confesará en el trabajo y estará dispuesto a comprometerse a vivir en el estilo de vida de Jesús delante de otros hombres".

Fue un momento poderoso, y pasó por ese grupo de personas como un choque eléctrico. Pero puse el punto sobre la "i". "Dondequiera que esté, salga de su sitio y venga aquí, y reconozca públicamente que Jesucristo es su Salvador y Señor. ¡Ahora!"

Hombres de todas partes de la audiencia repentinamente se pusieron de pie, y comenzaron a correr hacia el frente del edificio. Aquellos hombres reaccionaron como hombres. Era un espectáculo sorprendente. Las mujeres estaban de pie al fondo del edificio, y aplaudían al ver a esos hombres que hacían una declaración tan pública para la gloria de Dios. Muchos de ellos disfrutaron una libertad y una nueva dimensión de la hombría que nunca antes habían experimentado.

La confesión tiene el potencial para hacer bien o mal.

Jefté hizo un voto irreflexivo con respecto a su hija, y en vez de retractarse, arrepentirse o reconocer que su voto era precipitado, lo mantuvo, causándole dolor a ella, y tristeza a sí mismo.[1]

El rey Herodes hizo lo mismo con Juan el bautista. La obligación de cumplir con su promesa de que daría hasta la mitad de su reino lo hizo decapitar a Juan, aunque se entristeció por ello.[2]

Muchos no reciben nada de Dios debido a un sentimiento de indignidad o inferioridad.

"(…) *No quitará el bien a los que andan en integridad.*"[3]

José recibió todo lo que Dios le dio: un sueño, sabiduría, favor, y prosperidad.

Recibir y confesar es tan importante como creer.

Si después de creer, usted no puede recibir y contarlo, su fe se invalida.

José no creó el sueño; lo hizo Dios. José lo recibió cuando Dios se lo dio.

Dios es el Creador.

Dios creó al hombre a Su imagen y para Su gloria. Al hacerlo, el hombre recibió por medio de la creación algo que no tiene el reino animal, vegetal ni mineral: poder

RECIBIR Y CONFESAR ES TAN IMPORTANTE COMO CREER.

creador. La Biblia dice: *"Dijo Dios"*, y fue hecho. Lo que dijo Su Palabra, Su Espíritu lo creó.

Solo por los méritos de Jesucristo, quien compró para los hombres las riquezas de la gracia, podemos recibir algo de Dios. Por eso es que siempre es por fe, siempre es un don, siempre es dado gratuitamente.

Nada de lo que hagamos podrá ganar algo de Dios. Toda nuestra relación con Él se basa en la confianza.

Al y yo conversábamos un día acerca de la fe, la confianza, el amor, y de que todos debemos aprender que recibir es tan importante como creer.

Recordando los días en que participaba en el fútbol americano como jugador y espectador, me dijo sonriendo:

"Oye, ¿conoces a esos tipos que son receptores escogidos de los equipos de fútbol? Pues, yo soy un receptor escogido del equipo de Dios".

Confíe en Dios para sus necesidades. Crea en Dios para grandes cosas. Y luego reciba grandes cosas de Dios.

Capítulo 10

DOMINE SU PASIÓN

Domine su pasión o su pasión le dominará a usted. José aprendió este principio a través de su experiencia con la esposa de Potifar. Aprendió lo que muchos otros hombres han tenido que aprender: a dominar sus pasiones. En algunos es el poder; en otros, el sexo; y aún en otros, es el placer o diversas cosas. Cada uno tiene su pasión dominante.

En José fue su conciencia de Dios, su identificación con Dios, y su carácter semejante a Cristo, los que le permitieron resistir la tentación y glorificar a Dios.

José desarrolló su carácter en la soledad con Dios, cuidando como pastor las ovejas de su padre, durante días y noches.

DOMINE SU PASIÓN O SU PASIÓN LE DOMINARÁ A USTED.

Las decisiones tomadas impulsivamente proceden, en realidad, del desarrollo de un carácter durante un largo período.

Lo cierto es que las decisiones que tomamos están arraigadas y cimentadas en nuestro carácter.

En realidad, en un momento de tentación, usted no toma una decisión a favor o en contra de la justicia. Usted toma esa decisión antes de ese momento, cuando ha permitido que el Espíritu Santo haga viva para usted la Palabra de Dios, y en esas horas desarrolló la conciencia de Dios y la semejanza a Cristo. Cuando viene la crisis, sus decisiones que están arraigadas y cimentadas en su carácter le darán honra a Dios.

Los criterios de santidad son la honra de Dios.

Al aconsejar a las personas durante las décadas pasadas, nunca he conocido a nadie que cometiera adulterio o fornicación impulsivamente, sin haber tenido pensamientos, deseos ni apetitos impuros. Tal vez hayan tomado la decisión sin pensarlo, pero el deseo había estado en su espíritu durante largo tiempo.

Generalmente, el pecado de omisión, donde no han orado, obedecido o meditado en la Palabra de Dios, no permitió que el carácter semejante a Cristo se manifestara en sus vidas en los tiempos de tentación.

La decisión siempre se traduce en energía. Hasta que usted toma la decisión, no tiene energía para hacer nada. Pero una vez que la toma, recibe la energía necesaria para hacer lo que tiene que hacer.

La prueba del verdadero carácter no está en lo que usted hace en público, sino en lo que usted piensa cuando está totalmente solo.

¿A dónde va su mente? ¿Dónde está el afecto de su corazón? Allí es donde en realidad se revela su carácter.

¿Cuáles son sus meditaciones, fantasías y sueños?

La única persona que puede saber eso, además de Dios, es usted. ¿Quién y qué clase de persona es usted cuando está solo? ¿Qué es lo que le complace a usted y a sus procesos de pensamiento? ¿Qué es? Allí es donde está su verdadero carácter.

> LA PRUEBA DEL VERDADERO CARÁCTER NO ESTÁ EN LO QUE USTED HACE EN PÚBLICO, SINO EN LO QUE PIENSA CUANDO ESTÁ SOLO.

El espíritu del corruptor es un espíritu satánico y corrompe todo lo que toca. Es un saqueador de la moral de los hombres, un corruptor de sus espíritus, y una actividad contaminante.

No hay nada que Satanás no corrompa. Lo que él quiere, desde luego, es tomar el lugar de Dios. Esa ambición mesiánica en él nunca ha cambiado. Trató de corromper el cielo, corrompió el Edén, y está corrompiendo las vidas de los hombres hasta el día de hoy. Ese espíritu que está en el mundo, en las vidas de los demás, es el que procurará seducirlo. La Escritura dice que cuando somos atraídos por nuestra concupiscencia, puede existir el pecado, y dar a luz a la muerte.[1]

La esposa de Potifar tenía el "espíritu del corruptor".

El espíritu del corruptor en la esposa de Potifar quería a José. Ella lo deseaba. Lo codiciaba. Estaba ansiosa por él. Quería poseerlo. La única forma en que ella sabía hacer eso era por medio del acto sexual. Tener una relación sexual con él significaba que él había sucumbido a su belleza, a su poder, y a su particular autoridad.

José la rechazó diciéndole simplemente: "No".

Pero la esposa de Potifar no se le acercó una vez, y se detuvo. Ella lo siguió día tras día. Había una tentación constante e insistente, una solicitud constante de la tentación de ella contra la moralidad de él.

La tentación es así. Usted puede decirle que no una vez, pero tenga la certeza de que volverá a la carga. Puede que tenga que luchar contra la tentación una y otra vez hasta alcanzar la victoria final.

Hubo un momento final en todo esto. La esposa de Potifar se esforzó en mostrarse hermosa, sensual y atractiva. Se preparó para el momento oportuno. Les dio la noche libre a los demás siervos, llevó a José a su dormitorio, se puso a su disposición, y le dijo simplemente: "(...)Duerme conmigo".[2]

José no quiso hacerlo.

A veces el valor se expresa en nuestra capacidad para volvernos y huir.

José dio ejemplo de su valor como hombre huyendo de la lascivia juvenil.[3] Huyendo. Cuando se volvió para correr, demostró que no quería tener nada que ver con ella. Pero ella lo asió de la túnica, reteniéndola en su mano.

Ella sufrió el rechazo. Ella juró vengarse. Su carácter vengativo acusó a José. La acusación de tentativa de violación se basó en la evidencia circunstancial de la túnica de él en la mano de ella. Ella basó su acusación en una mentira. José basó su inocencia en la verdad.

> A VECES EL VALOR SE EXPRESA EN NUESTRA CAPACIDAD PARA VOLVERNOS Y HUIR.

Había tres personas que conocían la verdad: la esposa de Potifar, José y el Señor.

La verdad no es una opción. Es un absoluto.

La verdad siempre triunfará. La verdad nunca podrá ser derrotada. La verdad nunca podrá morir. La verdad fue crucificada y puesta en el sepulcro, y se levantó al tercer día. La verdad que sentó el ejemplo, y dio principio a toda verdad es Jesucristo.

La esposa de Potifar acusó a José de tratar de ultrajarla. Su acusación de basó en mentiras, engaños y fraudes. Lo interesante de este relato es que cuando se hizo la acusación, todos creyeron la mentira. Conocían el carácter, la honradez, la integridad y la sinceridad de José. Conocían a José. Habían sido bendecidos y favorecidos por la presencia de José en esa casa. Pero creyeron una mentira.

LA VERDAD NO ES UNA OPCIÓN. ES UN ABSOLUTO.

Como las personas son negativas por naturaleza, les es más fácil creer la mentira que la verdad. Por eso es que tenemos que convertirnos del estado negativo al positivo. Aunque una persona demuestre ser inocente, las personas a menudo no creen en su inocencia.

José había demostrado ser leal, honesto y veraz, pero los demás siervos creyeron una mentira con respecto a él. José había demostrado ser una bendición para Potifar, y en todo lo que hacía. Pero cuando la esposa de Potifar dijo:

> (…) *Mirad, nos ha traído un hebreo para que hiciese burla de nosotros. Vino él a mí para dormir conmigo,* (…).[4]

Potifar le creyó a ella antes que a José, aunque conocía el carácter de ambos.

Con la acusación de la mujer, José se enfrentó por primera vez al prejuicio contra su raza. La implicación racial de lo que ella dijo: "(…) *un hebreo para que hiciese burla de nosotros*", mostró el prejuicio egipcio hacia los judíos. Ella distorsionó lo que ya se daba por sentado con la evidencia circunstancial, a fin de exacerbar las pasiones que se habían desencadenado en el corazón de los egipcios, que ya abrigaban un prejuicio contra los israelitas.

Potifar le creyó a su esposa antes que a José.

Un antiguo refrán dice: "La sangre pesa más que el agua". Potifar tomó una decisión equivocada. Fue la misma clase de decisión que tomó Adán en el Edén. Potifar nunca le preguntó la verdad a José. Adán nunca le consultó a Dios la invitación de Eva en el huerto. La ausencia de buscar la verdad, y preguntarle a Dios es evidente en los errores de ambos.

¡Qué graves consecuencias acarrea a todos el pecado de omisión!

La esposa de Potifar se sintió insultada, hirviendo en ira, y determinada a perjudicar a José. Él guardó silencio ante el ataque furioso de sus acusadores.

Jesús, cuando lo trajeron delante del Sanedrín y del sumo sacerdote, se mantuvo en paz. José también guardó silencio. De Jesús se dice que *como cordero fue llevado al matadero*,[5] lo cual no fue diferente de José.

Lo mismo sucedió en la vida de Elías cuando tuvo que enfrentarse al "espíritu del corruptor" en Jezabel; en la vida de Sansón con Dalila; y Juan el Bautista cuando tuvo que encararse con Herodías.

La batalla que José peleó fue cuando estuvo completamente solo con la esposa de Potifar. Allí no hubo nadie que lo sostuviera, aconsejara o ayudara a rechazar a esa mujer. Tuvo que pelear solo la batalla. Su hombría se puso en tela de juicio. El factor determinante fue lo que él hizo cuando estuvo completamente solo con su pasión dominante. Es lo mismo hoy, ya sea usted hombre o mujer. José huyó.

"(…) ¿Cómo, pues, haría yo este grande mal, y pecaría contra Dios?",[6] dijo José. Su identificación con Dios era real y verdadera. No se preocupaba por sí mismo, sino por la honra de Dios. Su máxima preocupación era lo que le ocurriría al testimonio de Dios en su vida.

Aunque la esposa de Potifar y todos los demás creyeron la mentira, con todo la reivindicación de José fue la verdad. Si alguien dice algo que es falso y 50.000 personas lo creen, sigue siendo falso. Si es falso en su origen, es falso aunque lo repitan muchas personas.

Recuerde que el mayor potencial de nuestra vida radica en lo que creemos. José creyó la verdad; otros creyeron una mentira. Dios conocía la verdad, y finalmente reivindicó a José.

Cuando retenemos nuestra integridad frente a la tentación, no consumaremos esa tentación o pecado contra Dios.

No es pecado ser tentado. El pecado es concebido cuando sucumbimos a la tentación. Si no nos sometemos a ella y rechazamos el pecado, el diablo optará por acusarnos. Tratará de hacernos creer que somos culpables, aunque solo pensemos en la tentación, y seamos tentados por ella.

Digamos que usted es un hombre, y ve a una mujer atractiva que viene por la calle. De repente, pasa por su mente un pensamiento tentador. Cuando el pensamiento tentador pasa por su mente, usted simplemente dice: "Soy hijo de Dios. Soy hijo del Dios viviente. Represento la justicia de Dios en Cristo". Usted comienza a confesar en forma positiva. Ordena que esa tentación salga de su mente ¡y se va! Esa tentación se va.

Pero dos cuadras calle abajo, usted oye en su mente esta acusación que, como dardo de fuego, trata de envenenarlo, y le dice: "Pues pensaste en la tentación, por tanto, eres culpable, porque la Biblia dice que si piensas en ella, eres culpable de ceder a ella".

Recuerde que el diablo basó su tentación a Eva en una media verdad. Satanás siempre tratará de atraparlo con una media verdad.

La Biblia no dice que si usted simplemente piensa en la tentación, ya es culpable de ella. La Biblia dice: "¿(...) *pensáis mal en vuestros corazones?*".[7] Esto significa que usted es culpable si medita en ella, si fantasea con ella, si tiene deseo de ceder a ella, si se inclina por ella, si es atraído por ella y si permanece con ella.

No dice, pues, que usted es culpable si la tentación corre por su mente. Dice que lo es si piensa mal en su corazón. El diablo sabe eso, pero le presenta una media verdad en la Escritura.

Así que si usted es tentado y rechaza la tentación, pero el diablo le dice: "Pues pensaste en la tentación; por tanto, eres culpable de ceder a ella", usted tiene todo el derecho de decirle: "Oye, para empezar, fue tu tentación". Ordénele en el nombre de Jesús que se lleve sus tentaciones y acusaciones, y que regrese al lugar de donde vino.

No abogo porque usted lo diga exactamente de esa manera, pero esto es lo que usted quiere decir.

Satanás no tiene influencia donde no hay pecado.

Usted no se identifica con el pecado que ha sido perdonado.

El pensamiento es el padre de la acción. Como José nunca había pensado en pecar con la esposa de Potifar, pudo resistir resueltamente cuando fue tentado.

Los pensamientos tentadores son como dardos de fuego para la mente, y deben ser apagados con el escudo de la fe, que es la confesión de Jesucristo.

> **IDENTIFÍQUESE CON LA JUSTICIA DE DIOS, Y SIEMPRE DOMINARÁ SU PASIÓN.**

Recuerde que aunque el "espíritu del corruptor" haya corrompido su mente o su corazón, la sangre de Jesucristo puede limpiarlo por completo, y dejarlo inmaculado ante los ojos de Dios.

Dios lo identifica a usted con Su justicia. Haga usted lo mismo. Identifíquese con la justicia de Dios, y siempre dominará su pasión.

José lo hizo.

Usted puede hacer lo mismo.

Sea un vencedor, no una víctima.

Capítulo 11

¿ESTÁ DIOS ENOJADO CON USTED?

N ancy y yo animábamos una serie de programas de televisión. Al día siguiente de uno de nuestros programas, recibimos una llamada de una dama que vivía en una ciudad cercana. Nos dijo que su marido estaba profundamente deprimido, y nos preguntó si queríamos ministrarle. Le contestamos que, desde luego, queríamos hacerlo.

A la noche siguiente, se presentaron al programa ella y su marido. Él era un hombre de negocios sumamente próspero, pero varios percances sorpresivos lo llevaron a un estado depresivo tan grave que solía estar sentado en su casa, con las cortinas corridas, en completa oscuridad, y aislado en su conmiseración y condenación.

Lo que le había ocurrido era que en el desarrollo de un proyecto de construcción muy grande, el financiamiento fue retirado a último momento, y el proyecto estaba en peligro. Poco después de esto, su encantadora nieta pereció en el incendio de un garaje. Otras varias situaciones le hicieron dudar de su relación con Dios. Finalmente, se convenció a sí mismo de que, debido a estas circunstancias, Dios estaba enojado con él.

La depresión es causada generalmente por un resentimiento o una sensación de pérdida. En su caso, él tenía las dos cosas.

Cuando lo vi en la estación de televisión, lo llevé a mi oficina. Nos sentamos en el sofá, puse mi brazo alrededor de sus hombros, y comencé a orar en voz baja. No traté de aconsejarlo ni de hacer nada más que orar. Mientras yo oraba, él comenzó a sollozar de modo casi incontrolable. Seguí orando, y su sollozo comenzó a detenerse. Él comenzó a participar del espíritu de oración, de intercesión y de alabanza.

Después de algunos minutos, fue como si se hubiera quitado un tapón del espíritu del hombre. Comenzó a darle gracias al Señor por Su bondad, por Su gracia y por Su favor. El cambio fue tan impresionante como el caso de Saulo en el camino a Damasco. Regresó a casa con su esposa como un hombre transformado, animado y gozoso.

La verdad era que Dios nunca había estado enojado con él. Esto era una mentira basada en una evidencia circunstancial.

Cuando finalmente recibió la verdad del amor, la gracia y el favor de Dios, fue restaurado en su relación con Él.

Dios es nuestro justificador. Satanás es nuestro acusador.

Dios nos justifica de toda acusación.

No obstante, muchas personas se resienten con Dios, y están enojadas con Él. Creen que Dios ha favorecido a alguna otra persona y ha sido parcial con ella, o les ha quitado un ser amado o de algún modo los está castigando.

Igual que en el caso de Job, Satanás acusa a Dios ante los hombres y a los hombres ante Dios, a fin de ponerlos a distancia. Si se le permite continuar, la distancia que los separa puede ser la misma que hay entre el cielo y el infierno.

A veces es fácil que creamos una mentira. Yo había terminado de ministrar en el culto matutino del domingo, y estaba conversando y orando con algunas personas. Observé el rostro de una joven que sonreía bellamente y le pregunté:

"¿Qué le sucedió esta mañana?".

"Cuando yo era niña", contestó, "mi madre murió. Todos estos años, yo había estado resentida con Dios porque se había llevado a mi madre. Esta mañana le pedí a Dios que me perdonara. Y si quiere saber realmente la verdad, aunque yo sabía que Él no lo había hecho, lo perdoné. ¿No suena esto extraño?".

Mientras la miraba, me preguntaba cuántos otros guardaban resentimiento contra Dios por lo que injustamente creían que Él les había hecho. Creían una mentira. Recibir y creer la verdad cambiaron su vida y su relación con Dios.

Lo mismo sucedió con una señora cuyo marido yo había conocido muchos años antes. Él había estado colaborando conmigo en las actividades de la obra juvenil. Muchos años después, se fue con otra mujer. Dejó a su esposa sola, y abandonada a su suerte. Viviendo así en Fullerton, California, y trabajando para ganarse el sustento, ella regresaba a casa una noche cuando fue violada a punta de cuchillo en un ascensor.

Ella culpó a Dios por el abandono de su marido, y la dureza de su vida. Se resintió con Él por la vida que vivía. Fue un gozo para mí mirarla esa noche, cuando se arrepintió de su resentimiento contra Dios, y le pidió que la perdonara. Esto cambió su creencia y su vida.

DIOS ESTÁ POR USTED Y NO CONTRA USTED.

¿Está usted resentido con Dios? ¿Cree que Él está enojado con usted, o está usted enojado con Él?

Si es así, esto le está impidiendo tener una relación íntima con Él. Dios está por usted y no contra usted.

Los niveles de conocimiento de Dios en que vivimos tienen potencial para la bondad de Dios en nosotros. Estos niveles son los siguientes:

Dios está por mí.

Dios está conmigo.

Dios está en mí.

El salmista dijo: *"Dios está por mí"*[1]; Mateo reveló el nombre de Jesús como Emanuel: *"Dios con nosotros"*.[2] En Colosenses, Pablo escribió: *"(…) es Cristo en vosotros, la esperanza de gloria"*.[3]

El nivel supremo es aquel que sabe y entiende que, por la morada del Espíritu Santo, Dios obra en nosotros en todo tiempo para producir nuestro supremo bien, que es Su perfecta voluntad.

Jesús dijo: *"(…) bienaventurado es el que no halle tropiezo en mí"*.[4] Los fariseos se ofendieron con Jesús porque vieron en Él cosas que no les gustaban, y Él no pudo hacer obra poderosa entre ellos. Jonás se ofendió con Dios porque Él perdonó los pecados de Nínive cuando sus habitantes se arrepintieron y se volvieron a Dios.[5]

Mi amigo J. P. se ofendió una vez con Dios. Cuando vio la verdad, Dios pudo impartirle una bendición renovada a su vida. J. P. trabajaba como vendedor en una agencia de automóviles. Servía a Dios con todo lo que podía darle, y lo hacía espiritual, física, financiera, y de cualquier otro modo.

Él trabajaba junto con otro vendedor que no tenía ningún interés en Dios, en la iglesia o en la bondad. J. P. soportaba el humo de los cigarrillos, las obscenidades, los chistes indecentes, y las trampas que le hacía de vez en cuando. Todo esto lo hacía por causa del evangelio, porque esperaba ministrarle la vida de Cristo algún día a su compañero de trabajo.

Llegó un período de tiempo, sin embargo, en que J. P. no pudo vender ningún auto, en tanto que el otro vendedor vendió todos los que tenía en exhibición. J. P. estaba sufriendo una crisis financiera, mientras el vendedor que trabajaba junto a él prosperaba abundantemente.

J. P. se enojó con Dios. Esto continuó por casi un mes. Pero un día, cuando atravesaba el puente Oakland Bay de San Francisco, J. P. comenzó a orar.

"Dios, aquí estoy yo tratando de servirte, y dándote mi tiempo, mis energías y mi dinero. Soy fiel en la iglesia junto con mi familia, y enseño en la escuela dominical. Pero aquí estás Tú, bendiciendo a este otro hombre mientras que yo sufro. No te comprendo, Dios.

"Si así es como vas a hacer las cosas, yo podría dejar de servirte. Me estás perjudicando a mí y ayudándolo a él. ¿Por qué lo bendices así a él, y no a mí?".

En ese momento J. P. estaba golpeando con su mano el volante del automóvil, hablando en voz alta, y pensando cada palabra de lo que decía. Cuando por fin terminó de orar y se calló, J. P. oyó en su espíritu que una suave vocecita le decía: "No soy yo quien lo bendice".

Con instantánea claridad y entendimiento, J. P. se dio cuenta de que quien lo hacía era Satanás, y no Dios. El diablo lo hacía para ofender a J. P., y hacerlo enojarse con Dios. Cuando lo vio, J.P. comenzó a llorar. Arrepentido, le pidió a Dios que lo perdonara por su creencia equivocada. Una vez más J. P. comenzó a darle gracias a Dios por Su bondad y Su fidelidad.

De regreso al trabajo, sin resentimiento contra Dios, la prosperidad financiera empezó a fluir en la vida de J.P. Su creencia equivocada había sido su problema. Cuando esta cambió, todo cambió.

Lo que usted cree sobre Dios tiene el mayor potencial para bien o para mal en su vida.

Lo que usted cree puede atraer o repeler.

Lo que usted cree determina sus relaciones.

Lo que usted cree sobre Dios determinará su relación con Él. Lo que cree sobre usted mismo determinará las relaciones con otros.

Hombres como Oral Roberts, Billy Graham y otros han tenido ministerios continuados porque creen que Dios es un Dios bueno.

Dios lo ama. Cuando Dios nos convence de pecado, no es porque está enojado con nosotros, sino porque nos

LO QUE USTED CREE PUEDE ATRAER O REPELER.

ama. El pecado impide que Dios se revele a nosotros. El propósito de convencernos de nuestros pecados es que los confesemos fuera de nuestra vida. Entonces Él puede perdonarnos y revelarse a nosotros con mayor intimidad.

Muchas personas creen que Dios es su adversario, basándose en su culpa o condenación de lo que su pecado es, ha sido o pensaron que es.

José creía que Dios era un Dios bueno, que Él lo amaba, y que estaba actuando a su favor. José basaba su confianza en Dios en su creencia en Él.

¡Crea la Palabra de Dios!

Dios no está enojado con usted.

Tampoco se enoje usted con Él.

Dios se ha revelado a sí mismo como deseando darle Su Reino. Ahora mismo trata de convencerlo dándole esta palabra.

¡Recíbala!

Capítulo 12

CUANDO SUFREN LOS INOCENTES

José padeció persecución por causa de la justicia. Cuando estuvo en la cárcel, sufrió como culpable, aunque era inocente. Él fue acusado, juzgado y condenado a base de evidencia circunstancial.

José sabía que era inocente. La esposa de Potifar sabía que él era inocente. Dios sabía que él era inocente. Con todo eso, José sufrió como culpable.

En la mayoría de las cárceles, los hombres declaran su inocencia. Y si no son realmente inocentes, acusan a la sociedad de ser parcial e injusta en el proceso judicial en su contra.

Una cosa es sufrir como culpable cuando uno es culpable, y otra sufrir como culpable cuando es inocente.

Después del rechazo, lo más difícil de sufrir para los hombres es ser tratados como culpables cuando son inocentes.

No obstante, el principio de la cruz es que los inocentes sufran por los culpables.

Lo encontramos en todos los aspectos de la vida.

Las cuotas del seguro son altas para los que no beben, a causa de la pérdida causada por los que se embriagan. Las libertades de los ciudadanos que observan la ley son coartadas a causa de las actividades de los que la infringen.

Vivimos en una sociedad pervertida. Por eso necesitamos que Dios cambie las cosas para nosotros.

Hace algunos años, Ed aceptó un puesto en una compañía de la costa oriental. Cuando llegó, el gozo que sentía por su nuevo puesto fue de corta duración, ya que algunas semanas después descubrió cosas que lo desanimaron y angustiaron.

Parecía que la administración y los ejecutivos anteriores de la compañía habían cometido actos inmorales, ilegales o anti-éticos. En consecuencia, cuando Ed asumió su nuevo puesto, las presuntas infracciones anteriores con sus problemas resultantes se convirtieron en suyas. Comenzó a sufrir las penalidades de los errores y equivocaciones de sus predecesores.

Ed tuvo que sufrir las indignidades que bien se merecían otros. Él guardó resentimientos profundamente arraigados que eventualmente se convirtieron en verdadera hostilidad. Como quiera que luchara, parecía que solo se hundía cada vez más en la ciénaga de los problemas.

Ed tenía una sensación real de traición hacia aquellos que lo enredaron en su problema, y nunca le avisaron. Sentía ira. Y tenía resentimiento. El castigo que debían haber recibido otros que eran culpables se lo estaban aplicando ahora a él.

Profundamente angustiado por esto, Ed conducía por la carretera compadeciéndose a sí mismo, y expresándole a Dios el resentimiento que guardaba contra otros.

"Señor", le dijo, "¿por qué tengo que sufrir por culpa de los que fueron culpables cuando soy inocente? No hice nada malo; pero estoy sufriendo por ello. ¡No es justo!"

Le contaba a Dios exactamente lo que sentía. Pero esa es la realidad. Dios comprende toda emoción, actitud y motivo del corazón. ¿Por qué, pues, trataría uno de discutir en oración con Dios?

Mientras conducía por el camino enumerando los pecados de los demás, compadeciéndose de su desgracia, y gritándole a Dios por la injusticia que creía que le estaban haciendo, Él le hizo algo hermoso.

Le mostró una cruz.

Cuando Ed vio en su espíritu la cruz donde murió Jesús, entendió que ciertamente los inocentes sufren por los culpables.

Él vio que Jesucristo había tomado sobre sí todo pecado, avaricia, rechazo, traición, grosería, vulgaridad y rebelión de los hombres, prorrumpió en llanto y gritó: "¡Dios, perdóname!".

En ese momento, salieron de su espíritu la amargura, el resentimiento, la ira, el enojo, y la frustración que había estado sintiendo.

Como la obra del Espíritu Santo es la regeneración, no tomó más que un momento para que ocurriera el cambio.

En ese momento especial, Ed comprendió que Jesús se lo había llevado todo, y lo había hecho todo por él.

En vez de actuar como un siervo inclemente, juzgando a otros, culpándolos y criticándolos, Ed comprendió de súbito cuánto le había perdonado Dios a él. Al darse cuenta de esto, la humildad tomó el lugar del orgullo, la sumisión tomó el lugar de la rebelión, y el amor tomó el lugar del temor.

El aprecio, la compasión y el deseo de ayudar, de ser útil y de bendecir a los que estaban implicados, sustituyeron los sentimientos negativos. La cruz cambió toda su actitud.

Jesús se lo llevó todo.

Recuerde esto la próxima vez que comience a resentirse contra alguna otra persona porque usted sufre por culpa de ella. Entréguelo todo a Jesucristo, y deje que Él le dé Su gracia, amor y perdón.

Vi suceder esto una noche en un retiro de hombres que celebramos en las afueras de Colorado Springs. Durante las horas vespertinas habíamos tenido la enseñanza del principio de "liberación", seguida por un tiempo de oración.

Cuando los hombres comenzaron a contar a los demás lo que estaba ocurriendo en sus vidas, uno de ellos nos asombró con lo que nos dijo:

"Hasta esta noche nunca había entendido lo que pasaba en mi vida. Durante siete años yo quería vivir para Dios, pero vivía en una montaña rusa. Un día era perdonado, al día siguiente estaba pecando y necesitando ser perdonado otra vez. Un día era culpable; al día siguiente era inocente solo para volver a ser culpable. Me parecía que jamás lograría actuar de manera coherente por algún tiempo prolongado.

"Pero esta noche Dios cambió mi vida. Quiero darle gracias a Dios por esto.

"La reputación de mi padre en la ciudad donde vivíamos era tan mala que las personas me aborrecían por el solo hecho de que yo era su hijo. Tuve que llevar los pecados de mi padre. Crecí sufriendo el rechazo, el aislamiento, el ridículo y la persecución, a causa de lo que él era. Tuve que luchar para sobrevivir. Odiaba a mi padre. Lo odiaba tanto que el día de su funeral, mientras estaba en el ataúd, le escupí en la cara.

"Yo sabía quién era mi madre, pero nunca la conocí hasta que tuve dieciséis años. Fue mi mejor amigo quien me la presentó. Por algún tiempo él me había estado hablando de una mujer mayor a la que él galanteaba, quien tenía relaciones sexuales con él cuantas veces él quería, y me contaba cómo era. Cuando la persuadió a que me conociera, me di cuenta de que era mi madre. La odié por lo que era.

"Nunca había caído en cuenta, hasta esta noche, de que por no perdonar a mamá y a papá, conservaba sus pecados en mi vida, y cometía los mismos errores y pecados que ellos.

"Esta noche, con la ayuda del Espíritu Santo, los perdoné a los dos, y solté sus pecados de mi vida. Por primera vez en mi vida, me siento libre".

Este hombre había estado sufriendo como culpable, aunque era inocente. Esto suele suceder. Por eso es que Jesucristo hizo posible no solo que seamos perdonados, sino también que perdonemos, y seamos librados de los pecados de todos los hombres. Su provisión significa verdadera libertad para nosotros.

La gloria trascendente de Dios es para todos nosotros.

José la describió mejor cuando les dijo a sus hermanos que habían buscado matarlo, lo vendieron cerca del río, nunca lo entendieron, siempre sospecharon de él, y nunca pudieron recibir su amor: *"Vosotros pensasteis mal contra mí, mas Dios lo encaminó a bien, (…)".*[1]

"Mas Dios…"

Estas dos palabras son el momento crucial de toda la vida humana.

A causa de ellas, toda su vida puede cambiar.

"MAS DIOS..." SON LAS PALABRAS QUE PUEDEN CAMBIAR SU VIDA.

Cualquier cosa que usted esté pasando ahora mismo en su vida, puede cambiar. Ya sea la persecución, la tribulación o el sufrir como culpable siendo inocente, tenemos una solución, tenemos una cruz, tenemos la gloria trascendente de Dios.

"Mas Dios..."

Ponga esas dos palabras en su pared, el tablero del automóvil, el espejo de su cuarto de baño, y su refrigerador. Póngalas en letras negras para que pueda ver noche y día que Dios está obrando en usted para su bien mayor. Él es un Dios bueno.

Si ahora mismo está pasando por algo difícil de soportar, diga estas dos palabras. Dígalas una y otra y otra vez.

Permítame contarle de un amigo que es pastor de una iglesia grande y próspera. A todas luces, él es un hombre que disfruta de lo mejor de todo lo que le ofrece la vida. Es mi hermano y amigo. Cuando fui a esa ciudad para celebrar una gran reunión para hombres solamente, me recibió en el aeropuerto para llevarme a una estación de radio. Entablamos una pequeña plática antes que desahogara su corazón conmigo.

"Ed", me dijo mi amigo, "no sé qué voy a hacer. Estoy sin recursos. Siento que tengo que declararme en quiebra. No quiero hacerlo, pero me parece que es lo único que puedo hacer. Estoy endeudado en miles de dólares. Mi esposa tiene que limpiar casas para ganarse la vida, y mis tiempos de búsqueda de Dios están constantemente llenos por pensamientos de mi desastre financiero.

"Hace un año, yo era solvente. Pero este año estoy lleno de deudas, y me siento que estoy en esclavitud financiera, y no sé qué hacer".

> **LOS QUE DAN BUENOS CONSEJOS, PERO NO TIENEN LAS BUENAS NUEVAS, NO CAMBIARÁN LAS VIDAS NI CONVERTIRÁN LAS ALMAS.**

Él siguió contándome algunos de los detalles de su problema, y de la presión bajo la cual se hallaba. Mientras él hablaba, yo oraba. Sabía que iba a pedirme alguna ayuda o consejo, y deseaba poder dárselo a fin de ayudarlo. No quería solamente aliviar sus sentimientos.

Esa es la diferencia entre el mensaje del evangelio y las habilidades de los hombres para aconsejar. El evangelio es buenas nuevas, pero generalmente los hombres solo dan buenos consejos. Los que predican buenos consejos, pero no tienen las buenas nuevas, no cambiarán las vidas ni convertirán las almas.

Cuando él acabó de hablarme, lo miré y le dije:

"Cuéntame de tus ancianos o de tu junta de diáconos, o lo que sea".

Me dijo que tenía cinco hombres en la junta, y entonces le pregunté qué tales eran. Dos de ellos eran hombres excelentes, hombres de negocios que trabajaban por cuenta propia, llenos de fe y visión para la obra de Dios. Los otros dos eran hombres buenos, pero a veces había que persuadirlos para que promovieran la causa de Cristo. Cuando llegó al quinto, dijo:

"Él es un hombre bueno, pero tan negativo. Está siempre enfermo, no tiene trabajo, y ha perdido su auto. La única vez que tomamos una ofrenda especial en nuestra iglesia fue para ayudarlo a comprar un auto".

Lo miré con un reconocimiento comprensivo del problema, y con una revelación que solo podía venir del Espíritu de Dios.

"Bill", exclamé, "¡ese hombre no es negativo ni conservador! Es avaro. Su pecado es la avaricia. Está viviendo bajo la maldición por su pecado. Él no está bajo la bendición. Y lo que tú has hecho es aceptar su teoría económica en tu vida. Al hacerlo has aceptado su espíritu de avaricia en tus finanzas. Ese hombre ha traído la maldición sobre ti, y sobre tu iglesia. Probablemente en todas las demás áreas de tu vida eres bendecido, salvo en esta. La razón es que te has hecho partícipe del pecado de otro hombre".

Me miró con asombro. Y entendió el asunto.

"¿Qué haré?", me preguntó.

"Lo que tienes que hacer", le contesté, "es pedirle a Dios que te perdone por ser partícipe del pecado de otro hombre. Tú eres el inocente que sufre por el culpable. Pero lo haces en forma negativa, y no positiva. Sufres la maldición en vez de disfrutar de la bendición, y tienes que sacar la maldición de tu vida. Una vez que hayas sido perdonado, debes ir a este hombre y hablarle acerca de esto, luego tienes que decirle a tu esposa, y pedirle a Dios que cambie tu vida".

Bill fue a su esposa, y le contó lo que había sucedido. Un domingo por la mañana prorrumpió en llanto delante de su congregación, y con mucha humildad les contó también a ellos. Estos respondieron en forma positiva, cordial y cariñosa, y resultó en bendición para él. Luego fue a ese miembro de la junta, lo reprendió, y le dijo que tenía que cambiar o salir de la junta. En treinta días, Bill tuvo un gran aumento en su sueldo, los miembros de la escuela cristiana recibieron también un aumento considerable, y el nivel de contribuciones y donativos a la iglesia se incrementó. Dios hizo un milagro.

Todo aspecto de la vida tiene el potencial para hacer bien o mal. Esto es cierto aun cuando los inocentes sufren por los culpables. Sufrir inocentemente por la culpa de otros, a fin de ver que sus vidas sean beneficiadas, es positivo. Hacerlo y sufrir como lo hizo Bill es negativo. Dios puede cambiar sus puntos negativos en positivos.

Ponga su fe en Dios, en Su Palabra y en Sus capacidades.

Capítulo 13

ESTABLEZCA PRIORIDADES

José nunca conoció la vida sin presión. La presión ha existido desde que Adán fue expulsado del Edén. Los sucesos de la vida de José se vislumbran tan grandes por la presión bajo la que él vivió. *La presión siempre magnifica las cosas.*

Celebramos un "Encuentro Nacional de Hombres Cristianos" al que asistieron más de 7.000 hombres procedentes de Honolulú, Miami, Boston, Los Ángeles y Nueva York. Los hombres gastaron literalmente cientos de dólares para asistir a una reunión que comenzó a las nueve de la mañana, y terminó a las seis de la tarde. Fueron nueve horas. Eso es todo.

La presión siempre magnifica las cosas.

La víspera del encuentro, me reuní con la junta administrativa, y le presenté el principio de que *la presión siempre magnifica*. Les dije que como habíamos condensado, compactado y comprimido el tiempo, todo lo que se dijera e hiciera aumentaría su impacto fuera de proporción en relación con cualquier otra cosa en que ellos hubieran estado involucrados.

Usé un ejemplo referente a Reggie Jackson, el jugador de béisbol. Si hubiera acertado un jonrón en mayo durante un partido jugado en Milwaukee, este merecería un artículo con letras menudas en la última página de la sección deportiva del diario local. Pero cuando lo acertó en la sexta entrada del séptimo partido de la Serie Mundial, fue publicado en la primera plana de todos los periódicos de la nación. La diferencia consistió en la presión.

La diferencia entre los hombres que triunfan y los que fracasan radica en su capacidad para manejar la presión.

Los hombres que conducían carretones cubiertos a través de los Estados Unidos de América para descubrir, explorar y colonizar el oeste sabían lo que era la presión. Tenían que luchar con la peligrosa situación de tratar con los que sentían que les estaban robando su tierra. La manera en que manejaron la presión, y cómo reaccionaron ante ella estableció la diferencia entre ellos y sus vagones.

Lo mismo se puede decir respecto a los que exploraron el nuevo mundo. Colón, Magallanes, el Almirante Perry y Cousteau, el oceanógrafo de los tiempos modernos, conocieron la presión.

Hay diferentes clases de presión. Jesús conoció la máxima presión. La enfrentó, la venció, y resucitó triunfante sobre ella. Ahora todo aquel que cree en Él y recibe Su Espíritu puede vivir de la misma manera.

> LA DIFERENCIA ENTRE LOS HOMBRES QUE TRIUNFAN Y LOS QUE FRACASAN RADICA EN SU CAPACIDAD PARA MANEJAR LA PRESIÓN.

Los hombres que se convierten en héroes, y logran grandes cosas son capaces de manejar la presión. Tienen un gran sistema de valores, donde las prioridades se establecen correctamente.

En mis viajes a través de muchas partes de este mundo he visto los monumentos, las estatuas y placas que se han dedicado a los hombres que han sido líderes de revoluciones y movimientos de liberación, y han conducido a sus países en la guerra y en la paz. Estos son los hombres que sacrificaron su vida por las causas que creían firmemente.

Recuerdo claramente a la mujer que paseaba por el parque Golden Gate, y prefirió morir atacada por un violador antes que renunciar a su virtud. Hileras de cruces blancas en el cementerio militar de nuestra nación marcan las tumbas de los hombres que han entregado su vida por la libertad de la democracia que disfrutan hoy los Estados Unidos, y varios países del mundo.

Algunas cosas de la vida son más importantes que la vida misma.

Juan el bautista fue decapitado por negarse a comprometer la verdad. En vez de permanecer callado, Santiago escogió hablar de la gloria de Dios, y de la revelación de Jesucristo a aquellos que habían crucificado a Cristo. Esteban fue apedreado por su actitud firme.

Jesús nos dio este principio cuando dio Su vida por nuestra salvación.

> *Porque de tal manera amó Dios al mundo, que ha dado a Su Hijo unigénito, para que todo aquel que en él cree, no se pierda, mas tenga vida eterna.*[1]

ALGUNAS COSAS DE LA VIDA SON MÁS IMPORTANTES QUE LA VIDA MISMA.

Hasta Esaú conocía este principio. Él vendió su primogenitura por un plato de lentejas.[2] Recuerde que este principio tiene el potencial para el bien o para el mal. En el caso de Esaú fue el mal.

Algunas personas creen que un cigarrillo, una botella de cerveza, una noche de relaciones sexuales, u obtener prestigio y poder son más importantes que la vida misma. Están dispuestos a vender su primogenitura por momentos de placer, sus matrimonios por dinero, y sus hijos por diversiones.

¿Y qué le parece el caso de Elí? Sus hijos blasfemaron contra Dios y él no los estorbó. Cuando finalmente los reprendió, no le prestaron atención en absoluto. Por último, Elí perdió su vida y su ministerio porque complació y consintió a sus hijos a costa de la Palabra de Dios.

La posteridad de Elí fue cortada porque él mimó a sus hijos a costa de la voluntad de Dios. Dios consideró que Elí había despreciado su ministerio por la manera como permitió que se comportaran sus hijos.[3]

La Escritura relata el caso de un hombre llamado Jairo, principal de la sinagoga, cuya hija estaba enferma. Jairo puso a un lado su posición, su poder, su prestigio y su orgullo para venir a Jesús a implorarle que sanara a su hija. Jairo decidió que la salud de su hija valía más que todo lo que él había conseguido en la vida. Estaba dispuesto a renunciar a todo por la única preocupación predominante de su vida: la sanidad de su hija. Esta valía más que la vida misma para él.[4]

Me hallaba en Alaska ministrando en un retiro de hombres. Un joven comerciante vino un día a pedirme oración. Su esposa estaba enferma de cáncer desde algún tiempo. Le habían amputado una pierna junto con otra cirugía, y ahora los médicos le decían que tenía un tiempo limitado de vida. Había ido a visitar a sus padres y de allí a un instituto bíblico, esperando recibir bastante fe en Cristo para ser sanada de su cáncer.

Durante todo ese periodo, él había tenido un sueño recurrente. En su sueño atravesaba un campo, y de repente veía a su esposa tendida al pie de un árbol, con una gran nube negra viniendo hacia ella. Él sabía que era la muerte. Cada vez que la nube venía, lo apesadumbraba, y su sueño terminaba en la desesperación, porque él no sabía qué hacer.

Luego de relatarme el caso, me preguntó si tenía sentido.

"Sí", le contesté. "Lo que usted necesita hacer es comprender que ha hecho todo lo que puede hacer. No puede seguir sufriendo la culpa de su incapacidad para sanar a su esposa o proveerle la sanidad. Todo lo que podía hacer, ya lo ha hecho. Lo que necesita hacer ahora es entregarle su esposa y la vida de ella al Señor Jesucristo. Entonces podrá librarse de su culpa y de su ansiedad, y su esposa y usted podrán orar, y amarse el uno al otro en total liberación de espíritu. Usted necesita ir a su esposa, decirle que la ama, que ha sido el regalo de Dios para usted, y que suceda lo que suceda, usted está agradecido por sus trece años de matrimonio, por sus dos hijos, y por los años de íntima relación".

Esa tarde el joven se fue a orar al bosque, junto al arroyo que está al pie del monte Whitney. Después lo vi caminar hacia mí saltando, moviendo la mano, y sonriendo. Cuando llegó donde me encontraba, era un hombre feliz.

"Lo hice", me dijo. "Lo hice. La entregué en un acto de fe. Hace poco salí a caminar por el bosque, me senté junto a un árbol y dormí un ratito. Mientras dormía, tuve el mismo sueño que había tenido otras veces. Una vez más vi a mi esposa tendida al pie de un árbol, y esta gran nube negra que venía hacia ella. Antes yo había estado frustrado y desesperado, pero esta vez mi sueño continuó. En él yo corrí hacia ella, la levanté, y la llevé a donde había una nube blanca. Supe que era la presencia del Señor. Cuando me volví al Señor para entregársela, la nube negra había desaparecido. Quiero que sepa que la muerte ya no me infunde temor. Suceda lo que suceda, mi esposa es del Señor y yo también".

Su fe en Jesús había llegado a ser más importante que la sanidad de su esposa.

Algunas cosas de la vida son realmente más importantes que la vida misma.

Capítulo 14

¿ESTÁ DISPUESTO A PROSPERAR?

"Mas Jehová estaba con José, y fue varón próspero; (...)".[1]

Quiero hablarle sobre el dinero. La Palabra dice que la vida real y vivir realmente no tienen relación con cuán ricos somos. Aún así hay tres áreas básicas de problemas en las relaciones: comunicación, sexo y dinero.

El uso del dinero es una expresión visible de la fe. Lo que un hombre hace con su dinero muestra lo que hace con su vida, y en cuánto la valora.

El dinero es lo más cercano a la omnipotencia que la mayoría de nosotros tendremos alguna vez. Con él podemos comprar poder, tierras o cuerpos humanos.

EL USO DEL DINERO ES UNA EXPRESIÓN VISIBLE DE LA FE.

Pero no todo se puede comprar con dinero. Podemos comprar sexo, pero no podemos comprar amor. Podemos comprar el tiempo de las personas, pero no su lealtad. Podemos comprar placer, pero no felicidad.

Lo que creemos atraerá o repelerá.

Lo que usted cree en cuanto al dinero lo atraerá o lo repelerá. La imagen que usted tiene del dinero determina lo que cree en cuanto a él.

El dinero es amoral. Nosotros le impartimos moralidad o inmoralidad.

El dinero no es todo lo que es diezmo. Ni es diezmo todo lo que se relaciona con la mayordomía. El tiempo, el talento y el tesoro también están involucrados.

Diezmar su tiempo a Dios puede cambiar al mundo.

Cuando David Wilkerson comenzó a diezmar su tiempo a Dios, Él le dio el sueño que había de convertirse en *Teen Challenge*. Y fue durante este "diezmo de tiempo" cuando escribió *La Cruz y el Puñal*.

Diezmar su talento a la obra de Dios avanzaría la causa de Cristo como el rayo láser sobrepasa a las ondas sonoras.

Hay solo tres razones por las que un hombre no diezma su dinero: incredulidad, miedo y avaricia.

Hay solo tres razones por las que los ministros no predican sobre el diezmo: incredulidad, miedo y orgullo.

Dar es una liberación del espíritu.

Dar es una expresión del amor.

La profundidad del amor solo se conoce por el grado de generosidad.

Las ofrendas que se dan en la iglesia no son para el bienestar del predicador, sino para el bienestar de la congregación. Las ocasiones para dar

> **LA PROFUNDIDAD DEL AMOR SOLO SE CONOCE POR EL GRADO DE GENEROSIDAD.**

son oportunidades para prosperar. Como durante estos últimos años he estado estrechamente asociado con hombres, con sus vidas, sus amores y sus concupiscencias, he descubierto que muchos de ellos tienen una visión pervertida del propósito de la prosperidad. Los predicadores que tienen prejuicios personales transmiten imágenes incorrectas.

El propósito de Dios al prosperar a Su pueblo no es para que ganen, sino para que tengan bastante, y den más y más para la obra del Señor.

El propósito es dar, no recibir.

El dinero tiene el potencial de bendecir y de maldecir. José lo usó para bendecir a la humanidad. El dinero es solo un medio. No es un fin.

Cuando los hombres lo convierten en el fin de sus esfuerzos en vez de usarlo para lograr el bien, lo contaminan. Es la codicia del dinero lo que es raíz de todos los males. El amor desea dar; la codicia desea recibir.

En Tulsa, Oklahoma, me ocurrió algo que ha permanecido conmigo desde entonces hasta ahora. El catalítico fue el pastor Bill Joe Daugherty. Durante la mañana yo había estado enseñando sobre el tema "Hombría al Máximo". Al exponerlo, comencé a dar algunos principios del Reino de Dios.

"Jesús nos enseñó que si lo amamos, lo obedeceremos, y si lo obedecemos, Él se manifestará a nosotros. Eso significa que *la obediencia es la evidencia del* amor, *y la manifestación se basa en la obediencia.* Una tonelada de oración nunca producirá lo que produce una onza de obediencia.

"Uno de los principios de Dios", continué, "(...)el obedecer es mejor que los sacrificios(...)*.[2] La razón para esto es que no podemos compensar con sacrificios lo que perdemos por nuestra desobediencia".

Dije más, pero eso fue todo lo que mencioné esa noche antes del tiempo de la ofrenda.

> NO PODEMOS COMPENSAR CON SACRIFICIOS LO QUE PERDEMOS POR DESOBEDIENCIA.

"Hermanos, vi algo esta mañana que nunca antes vi", le dijo el pastor Daugherty a su congregación. "La razón por la cual algunos de ustedes no prosperan en el campo financiero es que no siembran la semilla. En vez de dar a la obra del Señor, hacen sacrificios por medio de la oración, y esperan segar la mies. Ustedes no pueden compensar con sacrificios lo que pierden por su desobediencia. La manifestación se basa en la obediencia. Usted siega lo que siembra. Estos son principios del Reino de Dios que el doctor Cole ha compartido con nosotros.

"Esta mañana, mientras escuchaba los principios, el Espíritu de Dios me reveló algo. Comprendí que algunos de ustedes tienen problemas financieros. Los tienen porque no dan a la obra de Dios. En vez de diezmar, tratan de sacrificarse por medio de la oración lo que están perdiendo por desobediencia. Su negativa a diezmar es realmente un acto de desobediencia. Pero ustedes oyeron que el obedecer es mejor que el sacrificio, y ustedes no pueden compensar con sacrificios lo que pierden por su desobediencia.

"Algunos de ustedes necesitan cambiar. En vez de tratar de tener bastante fe para creer que Dios los prosperará en las finanzas, necesitan comenzar a diezmar", terminó.

¡Bien!

El principio es: *"Dad, y se os dará; (…)".*[3]

Ofrenda y llamamiento al altar son sinónimos.

Una vez que usted responde al llamamiento al altar y le da su vida a Dios, no vuelve a repetir ese acto en ningún servicio posterior en la iglesia. De ahí en adelante, simplemente pone su vida en el platillo de la ofrenda.

Seguramente usted lo hace.

Durante la semana usted da su tiempo, su talento, su energía, sus capacidades, sus emociones, sus conocimientos, y todas las otras cosas que posee, a la empresa donde trabaja. A cambio de eso, recibe dinero. Ese dinero representa su vida. Lo que hace con él y la manera como lo usa revela lo que hace con su vida.

Jack tenía problemas con su esposa. Había obtenido una gran ganancia, se había comprado un nuevo edificio, y conducía un automóvil costoso, pero su negocio comenzó a reducirse. Las cosas estaban muy difíciles en lo financiero, y él necesitaba ayuda.

Su esposa se había criado con el concepto de que pobreza y espiritualidad eran sinónimos. Por tanto, le era difícil vivir en la prosperidad. Cuando Juan compró su automóvil nuevo y costoso, pasaron tres días antes de que ella pudiera subirse a él, y tres años antes de que no se avergonzara de él.

Esa imagen de pobreza la habían impreso en su mente sus padres, sus pastores y el ambiente. Era una imagen falsa, pero ella no la podía cambiar. En realidad, creía que si era rica no llegaría al cielo. A los ricos les es difícil llegar al cielo, no porque son ricos, sino porque confían en sus riquezas.

La pobreza es una esclavitud. Solo hay gloria en ella si se la toma como un voto para el Señor. De lo contrario, no la hay. Lo sé por experiencia. Durante años tuve una actitud de pobreza que les hizo difícil la vida a mi esposa y a mis hijos. En aquellos primeros años de ministerio, yo creía que cuando uno "daba", "perdía" y "entregaba", no recuperaba nunca nada.

Doy gracias a Dios por el día cuando Él me enseñó que el principio de Su Reino no consiste en dar para perder, sino en dar para ganar.

Hoy día viajo en avión, tanto en segunda clase como en primera, y en un auto Escort o en un Mercedes; me alojo en un motel o en uno de los hoteles Hilton, y como semillas de soya o pistachos.

Mi esposa y mis dos hijas estuvieron una vez confinadas en una casa de dos dormitorios. Eso puede crear tensión. Oramos y le pedimos al Señor un lugar más grande donde vivir. Él nos dio una casa en el vecindario más hermoso de nuestra ciudad. La casa era perfecta para nosotros. Pero me costó recibirla debido a la actitud de pobreza de mi niñez, que yo arrastraba a mi vida presente.

Mientras caminaba por la playa y le preguntaba al Señor por esto, tuve una experiencia muy hermosa y maravillosa.

"Y al que sabe hacer lo bueno, y no lo hace, le es pecado".[4]

En mi espíritu oí la voz del Señor que me decía: "Si te pidiera que te mudes a un departamento de un dormitorio, ¿lo harías?".

"Sí, Señor", contesté de inmediato. "Entonces, ¿por qué no quieres mudarte a una casa de tres dormitorios si te lo pido?", oí que me preguntaba.

Ahí estaba el meollo del asunto.

El problema no era un dormitorio ni tres. Era la obediencia. Si Dios quería que yo prosperara viviendo en una casa de tres dormitorios y me negaba a hacerlo, yo estaba pecando tanto como si no me mudara a un departamento de un dormitorio cuando Él quería que lo hiciera. Desde entonces, el lugar donde vivo dejó de ser un problema. ¿Lo es para usted?

Dios desea prosperarlo, no para la gloria de usted, sino para el beneficio de Su Reino. No se trata de ser rico o pobre, sino de ser obediente.

> **DIOS DESEA PROSPERARLO, NO PARA LA GLORIA DE USTED, SINO PARA EL BENEFICIO DE SU REINO.**

Al igual que con todo lo demás, el dinero solo tiene potencial.

Una familia judía se trasladó de su lugar de origen a una ciudad de Alemania, y adoptó un estilo de vida cultural completamente nuevo. Como el padre era judío, parecía que no podía hacer que su negocio prosperara. Las cosas iban de mal en peor. Finalmente, el padre llegó un día a casa, reunió a su familia a su alrededor, y le anunció que iban a convertirse del judaísmo al luteranismo. Pensaba que si se hacían luteranos, prosperaría su negocio.

Esto afectó tanto al hijo del judío que cuando fue adulto desarrolló una filosofía sobre la religión. Creía que esta era el "opio del pueblo". Ese niño fue Carlos Marx, el fundador del comunismo. Hasta hoy el mundo sufre por la acción de un hombre: el padre de Carlos Marx.

El dinero está en la raíz del sistema comunista. Es el problema de raíz de más que eso.

Oseas fue un profeta del Antiguo Testamento que se casó con una mujer infiel. Ella amaba por paga. Se prostituyó por lo que le daban sus amantes. La prostitución consiste en amar por paga.

Amar a Dios solo por la prosperidad material es una forma de prostitución espiritual.

> **NEGAR EL DERECHO DE DIOS A PROSPERARNOS MATERIALMENTE ES NEGAR EL DERECHO DE DIOS A SER SEÑOR DE NUESTRA VIDA.**

Sin embargo, dar es algo natural en Dios, porque es la manifestación de Su amor.

Prosperarnos está en la naturaleza de Dios. Pero amarlo tan solo por la prosperidad material es una forma de amar por paga.

Dios usó a la esposa de Oseas para mostrar a Israel su propio pecado.

Aunque nuestro amor por Dios no debe basarse en la prosperidad material, negar por nuestra incredulidad el derecho de Dios a prosperarnos materialmente es negar el derecho de Dios a ser Señor de nuestra vida.

Jesús no maldijo a la higuera porque llevara demasiado fruto, y parte de él se echara a perder. La maldijo por ser estéril, y por no producir nada.

Dios quiere que usted prospere en cada dimensión de su vida.

¿Está dispuesto a prosperar?

¿Lo necesita? Entonces... prospere.

Capítulo 15

CULPA, ¿QUIÉN LA NECESITA?

Viendo los hermanos de José que su padre era muerto, dijeron: Quizá nos aborrecerá José, y nos dará el pago de todo el mal que le hicimos.[1]

Con temor en sus corazones por lo que José les haría, sus hermanos le enviaron a José un mensaje recordándole lo que su padre había dicho.

Así diréis a José: Te ruego que perdones ahora la maldad de tus hermanos y su pecado, porque mal te trataron; por tanto, ahora te rogamos que perdones la maldad de los siervos del Dios de tu padre. Y José lloró mientras le hablaban.[2]

Cuando sus hermanos pidieron perdón, se postraron delante de él ofreciéndose como siervos suyos.

> *Y les respondió José: No temáis; ¿acaso estoy yo en lugar de Dios?*[3]

José consoló a sus hermanos. Les dio ánimo, esperanza y fortaleza cuando les habló al corazón.

¿No es interesante que después de todos esos años, los hermanos de José retuvieran sus sentimientos de culpa?

Ellos creían que Jacob era la influencia que refrenaba a José. Mientras Jacob viviera, José no les haría nada. Pero ahora recibirían la retribución de José porque esa influencia que lo refrenaba había sido quitada.

Tenían miedo de que José les hiciera daño.

En el huerto se nos muestran tres resultados inmediatos del pecado cuando Adán y Eva pecaron: culpa, miedo, y encubrimiento.

La culpa produjo el miedo, y este, a su vez el encubrimiento. La culpa fue el resultado del pecado.

Los hermanos de José tenían creada en sus mentes una imagen de que algún día, de algún modo, en alguna parte, finalmente, José iba a vengarse de ellos. Iba a darles el pago de su pecado.

No podían concebir que José los amaba, que los había perdonado con perdón y amor incondicionales, y que continuaría bendiciéndoles y dándoles su favor y su bondad.

Ellos crearon en su mente la imagen de un hermano inclemente. No pudieron liberarse del sentimiento de culpa hasta que le pidieron perdón a José.

Ocurre lo mismo con nosotros, y con Dios. Usted no puede liberarse de culpa hasta que le pide a Dios que lo perdone. Una vez que Dios lo ha perdonado, entonces necesita perdonarse a sí mismo.

Cuando confesamos nuestros pecados, Dios nos perdona. Nunca más nos los echa en cara.

Una de las falacias más comunes que he oído es que si uno perdona, olvida. Lo cierto es que cuando uno perdona, no necesariamente olvida. En efecto, retiene la imagen de la ofensa en la mente.

Con la ayuda de Dios mismo, y mediante la presencia del Espíritu Santo en su vida, usted puede perdonar a otros como Dios lo perdona a usted. Puede retener la memoria, pero nunca más se la echará en cara a nadie. No retiene el dolor. No retiene la pena. No retiene la herida. No retiene el remordimiento. No retiene el deseo de vengarse o reivindicarse. Simplemente, ha pasado por alto la ofensa. Usted libera la ofensa. Puede conservar la memoria de ella, pero la herida se liberó.

Así fue José. José perdonó a sus hermanos. Lo único que deseaba hacer era beneficiarlos, bendecirlos y cuidarlos.

Pero como ellos nunca habían podido perdonarse a sí mismos, puesto que nunca habían pedido ni recibido perdón para liberarse de la culpa, esto afloraba otra vez en sus conciencias.

José les dijo, parafraseado: "Ustedes no comprenden. Hace mucho tiempo que dejé todo eso en las manos de Dios. Tal vez puede que ustedes hayan pensado hacerme mal, pero yo tomé eso y se lo entregué a Dios. Por medio de Su gloria trascendente, Él lo cambió en bien. Ustedes pensaban hacerme mal; pero Dios pensaba hacerme bien".

Lo que José experimentó no fue necesariamente bueno. Pero Dios hizo que obrará para el bien de él, y finalmente le fue bueno.

¿Qué puede decir en cuanto a su vida? ¿Hay alguien a quien no ha podido perdonar como Dios perdona?

La culpa es mortal. La culpa destruye relaciones.

Conozco personas que me han hecho algo, o me han pedido prestado algo. y jamás lo devolvieron. Debido a su sentimiento de culpa, no quieren volver a encontrarse conmigo.

> ## LA CULPA ES MORTAL. LA CULPA DESTRUYE RELACIONES.

Hace mucho tiempo que me liberé de eso. Aprendí que si alguien me debe dinero y me ha defraudado, no trato de cobrárselo. Le llevo a Dios ese dinero perdido, y lo siembro como semilla de fe en Su

Reino. Le digo: "Señor, aquí está. Voy a darte esta deuda. Esto es lo que me han hecho. Te lo dejo a Ti. Lo siembro como semilla de fe en Tu Reino, y te pido que me compenses. No voy a recibirlo de ellos, pero sí te pido a Ti que me compenses".

Tengo todo el derecho de creer esto ¡y lo creo! Así me libero de llevar conmigo rencores, envidia, celos, sentimientos vengativos, y deseos de desquitarme. No quiero que eso llene mi espíritu. Es como basura que uno lleva consigo de un lado a otro. Por último, va a afectar su espíritu.

José pudo mirar retrospectivamente, y ver su vida con todas las raíces torcidas que finalmente contribuyeron a que fuera fructífero. José logró aquello para lo cual Dios lo había levantado: ser el salvador del pueblo egipcio y de su propia familia.

El apóstol Pablo les escribió una carta a los romanos. En ella expuso la verdad de un modo muy brillante, conciso y sabio respecto a nuestra vida, la voluntad de Dios para nosotros, y el propósito de Jesucristo con la gracia salvadora. En una parte de su carta, el apóstol dice: "¡*Miserable de mí! ¿Quién me librará de este cuerpo de muerte?*".[4]

Pablo se refería a las costumbres de aquellos días en relación con el trato que se les daba al asesinato premeditado y a los asesinos. En el sistema de jurisprudencia imperante en aquel entonces, cuando un hombre era hallado culpable y convicto de asesinato premeditado, se le daba a menudo una sentencia muy singular. Una vez sentenciado, el asesino solía ser esposado con manillas de hierro al cuerpo de la persona que había asesinado. A dondequiera que fuera tendría que llevar consigo el cadáver de la persona que había matado.

Finalmente debido al ostracismo social, a la separación de la familia y al peso de la culpa en su propia mente, el asesino moría por la carga que llevaba.

El apóstol Pablo se refería al hecho de que estamos cargados con la culpa de nuestros pecados. ¿Cómo podremos liberarnos de ellos? Los pecados pasados son como un cuerpo muerto y viejo que tenemos que arrastrar durante nuestra vida.

Luego Pablo hace la más grande de las declaraciones: *"Gracias doy a Dios, por Jesucristo Señor nuestro. (…)".*[5]

Cuando Jesucristo nos perdona nuestros pecados, los aparta de nosotros para nunca más recordarlos contra nosotros. Los desecha para siempre. No debemos llevar con nosotros la culpa del pasado cuando se la ha llevado Jesucristo.

Por horrendos y reprobables que sean nuestros pecados pasados, una vez que Dios los perdona y nos asegura en espíritu y por Su Palabra que los ha cubierto por completo, nunca más tenemos que cargar con ellos. El cuerpo muerto del pecado ha desaparecido.

Somos libres.

Libres del pasado. Libres de la culpa.

*Si Dios nos perdona nuestros pecados, y nosotros no nos perdo-
namos, nos hacemos mayores que Dios.*

No solo somos libres de, sino libres para…

No solo libres de la culpa, pero ahora, libres para amar, libres
para trabajar por el bien de las personas que amamos, libres
para servir y adorar a Dios, libres para vivir plenamente.

¡Qué glorioso es ser libre!

Somos llamados a obtener la gloria de Jesucristo.

Libres en espíritu.

Libres en fe.

Libres para creerle a Dios para todas las cosas.

Esta es la libertad que José disfrutaba, y la libertad que sus
hermanos nunca conocieron.

Tenemos gozo al liberar nuestra culpa por medio de
Jesucristo.

Esto es libertad.

Capítulo 16

EL PRECIO DE LA PAZ

Amar a alguien es trabajar por su bien mayor. José amaba a sus hermanos. El amor que tenía por ellos tenía el potencial para salvarlos. En medio del hambre, la pestilencia y la miseria, José fue su medio de salvación.

Los hermanos de José lo acusaron de falta de amor cuando este les censuró su pecado. Esto no era verdad. Esa era la misma evidencia del amor. Pero por tener pervertido el sentido del bien y del mal, no lo reconocieron.

Puede que el mandamiento de arrepentirse no les parezca amoroso a algunas personas, pero es la primera palabra en una vida de unidad bendecida con Jesucristo y Dios nuestro Padre.

No he escrito en este libro simplemente para decirle que hay principios potenciales en la vida, sino para moverlo, incitarlo, provocar que considere sus caminos, cambie donde sea necesario, busque a Dios si es preciso, y le permita a Dios que desarrolle su vida al máximo.

Las personas me dicen: "No sacuda el bote", "No corra riesgos", "Trate de llevarse bien con los demás". Personalmente, les dejaré eso a los hombres que lo dijeron, y los dejaré revolcarse en la ciénaga de su mediocridad.

Una cosa he aprendido. Ser amable no siempre es ser amoroso. Y ser amoroso no siempre es ser amable.

No me refiero a lo amable que es ser cortés o caballeroso. Me refiero a esa especie de amabilidad que es blanda, paliativa y tan insípida que su dulzura azucarada parece artificial. Tenemos que ser la sal de la tierra, pero si hemos perdido nuestro sabor, ¿para qué servimos?

> **SER AMABLE NO SIEMPRE ES SER AMOROSO. Y SER AMOROSO NO SIEMPRE ES SER AMABLE.**

La clase de amabilidad suave a la que me refiero se explica mejor con un encuentro que tuve con un hombre que me detuvo cuando iba a almorzar, y me dijo que necesitaba ayuda. Yo había estado ocupado toda la mañana. Quería comer algo, y volver a la oficina porque también tenía mucho que hacer por la tarde.

"Esto es importante", me dijo el hombre.

Cuando lo miré, supe que hablaba en serio, así que prescindí del almuerzo para estar con él.

"Soy un desastre", dijo. "He asistido a una iglesia durante años, he enseñado en la escuela dominical, daba mis diezmos, y hacía todas las cosas que estaba supuesto a hacer.

"Mi esposa y yo teníamos un buen matrimonio, pensaba yo. No era perfecto, ¿sabe?, pero era bueno. Hace dos años ella me abandonó, y obtuvo el divorcio. Me dijo que era por mi culpa, porque yo no había sido la clase de marido que debí haber sido. Traté de disuadirla. Le ofrecí todo lo que podía. Accedí a dejar los hábitos que no le gustaban, pero se negó y siguió con el divorcio.

"Desde entonces he andado desconcertado, en dos ocasiones he salido con otras mujeres. No he ido a la iglesia. Una vez fui con algunos amigos a Las Vegas, y ahora estoy listo para salir de vacaciones. Tengo miedo de lo que pueda suceder, de lo que haga cuando salga. Cuando oí que usted estaba aquí, doctor Cole, vine a buscarlo porque necesito ayuda. Ahora".

El hombre hablaba en serio. Le pregunté por su esposa.

"En realidad, quiero que vuelva. Haría cualquier cosa para que vuelva. Ha pasado mucho tiempo, pero parece que fuera ayer.

"¿Dónde está ella ahora?", le pregunté.

"Está casada y tiene un hijo. Después que me abandonó, se fue a trabajar. Tres semanas después del divorcio, salía con un hombre, quedó embarazada de él, entonces él se divorció de su esposa, y se casaron".

Lo miré con asombro.

"¿Salía ella con ese hombre cuando ustedes estaban casados?", le pregunté. Tenía que saberlo.

"Quizás. Él era un buen amigo, y yo creía que la aconsejaba. A veces hacía eso en lugar del pastor".

"Espere un momento", le dije. ¿Quiere decir que su esposa lo culpó a usted por el divorcio, se negó a reconciliarse con usted, cometió adulterio con su consejero, tuvo un hijo de él, lo hizo a él divorciarse de su esposa, y usted la ama todavía y quiere que vuelva?".

"Todo fue por mi culpa", dijo en voz baja.

"Su esposa es una mentirosa, una adúltera, una engañadora y una persona egoísta. ¿Ha enfrentado alguna vez este hecho?", le pregunté.

"Es todo por mi culpa", susurró otra vez.

"El ser amable con ella sin enfrentar nunca sus faltas o pecados le ha permitido a ella convertirlo en el chivo expiatorio, y justificarse ante sus ojos. Hombre, no es de extrañar que esté hecho un desastre. Usted está llevando los pecados de ella, los de él, los de ellos y los de usted, y la culpa lo está matando".

"¿Qué hago?", él preguntó.

"Enfrente el problema. Rechace la culpa de ella. Admita el pecado de ella. Confiese el suyo. Pídale perdón a Dios. Cuando Él le perdone, perdónese a sí mismo. Renueve su relación con Dios por medio de Cristo. Ponga su vida en línea con la Palabra, y siga adelante. Su esposa lo despojó de su hombría, y usted necesita recobrarla".

Estuvimos sentados allí por un rato, luego me pidió que orara con él. Lo hice. Lo guié en oración en tanto que el Espíritu Santo lo sacaba de su estado de culpa y confusión.

Lo último que vi en él fue que tenía una gran sonrisa, un pañuelo grande limpiando sus ojos, y un Dios grande que acababa de cambiar su vida.

El hecho de que fuera amable no significaba que fuera amoroso. Con ella o consigo mismo.

El remordimiento y el lamento no son arrepentimiento.

En este día y hora, parece que vivimos en medio de un culto mundial a la felicidad. Las personas piensan que tienen que ser felices todo el tiempo, o no viven una vida normal. Las iglesias, en particular, parecen estar en esta condición.

Segregamos nuestros dolores. Celebramos cultos en los salones funerarios, hospitalizamos a los enfermos, y confinamos en instituciones a las personas enfermizas y a los pacientes mentales. No obstante, el dolor tiene el potencial de ser uno de los maestros más grandes, pues produce algunos de los resultados más grandes de la vida.

Sin dolor por el pecado, no hay arrepentimiento. Sin arrepentimiento, no hay reconciliación, y sin reconciliación, no hay comunión con Dios.

Dios nos disciplina porque nos ama.[1]

La convicción de pecado no es evidencia del desagrado de Dios, sino de Su amor. Si Él no nos diera a conocer lo que está mal en nuestra vida, nunca lo confesaríamos, y el pecado encubierto impediría la intimidad de Dios con nosotros.

Hace poco un ladrón fue baleado en un pie por el propietario de un automóvil que lo sorprendió robando en su vehículo. El juez falló que el propietario del automóvil tenía que pagarle $40.000 al ladrón por el daño que había sufrido.

En el distrito de Orange, California, un hombre que atropelló y dio muerte a un niño perdió su libertad durante noventa días por conducir en estado de ebriedad, en tanto que los padres del niño perdieron a su hijo.

Este es un mundo pervertido.

Es un mundo donde a los hombres que contienden por la justicia y desaprueban la injusticia se les acusa de ser viles. ¿Es vil esperar hasta que termine el culto para decirle a un hombre que su casa se está incendiando?

No es de extrañar que Pedro predicándole a la multitud reunida en día de pentecostés, les dijera: "(...) *Sed salvos de esta perversa generación*".[2]

¿Y qué le parece esto que dice la Palabra de Dios: *"Y no participéis en las obras infructuosas de las tinieblas, sino más bien reprendedlas; (…)"*?[3]

¿Por qué?

Paz y pasividad no son sinónimos.

Dios nos dice que amemos a nuestros enemigos, y no que nos rindamos a ellos.

"La paz a cualquier precio" es diabólica, y no divina.

La verdad, cuando se dice, hay que decirla con amor. El amor que José tenía por sus hermanos era el potencial para el bien final de ellos.

En la vida de toda persona hay una meta suprema. No importa quién sea: hombre, mujer, niño o niña. Cada

PAZ Y PASIVIDAD NO SON SINÓNIMOS.

uno de nosotros tiene una meta de alcanzar la intimidad en una relación. Podemos procurar la intimidad en nuestro trabajo, en nuestra educación, y con cosas.

Pero la meta suprema que usted y yo realmente buscamos es alguna clase de intimidad que nos satisfaga personalmente. Esto significa que tiene que ser en una relación.

Dios desea, sobre todas las demás cosas, tener una relación íntima con nosotros.

Jesucristo vino a la Tierra para que nosotros pudiéramos nacer en el Reino de Dios, y que el Reino de Dios naciera en nosotros. Vino para que, por medio de Él, pudiéramos tener una relación con Dios que resistiera la prueba del tiempo, y aún de la eternidad.

La intimidad no se cultiva edificando barreras, construyendo defensas, y cerrando el corazón, la mente y el espíritu.

A fin de lograr intimidad, es necesario que usted sea sincero.

Usted no puede ser sincero sin ser vulnerable. Cada vez que usted cierra una puerta, se cierra a la vulnerabilidad. Pero si abre la puerta, se hace vulnerable.

Algunas personas no quieren ser vulnerables. Si han sido heridas, no quieren serlo otra vez. No pueden soportar la idea de ser tocados, de ser heridos. Sin embargo, desean la intimidad, pero sin la sinceridad ni la vulnerabilidad. Usted no puede lograrlo de ese modo.

Usted no puede lograr intimidad por medio de la religión; solo por medio de una relación.

¡El cristianismo es una relación amorosa con un Dios vivo!

La intimidad depende de que usted baje las defensas, derribe las barreras que haya levantado, y se haga más sincero y vulnerable para que esto suceda.

A menudo, significa, decir la verdad con amor, y olvidarse del dicho: "Paz a cualquier precio".

Cuando Jesús se encontró con la mujer junto al pozo, ella tenía levantadas sus barreras y defensas. Tenía en ellas sus prejuicios. Pero cuanto más le hablaba Jesús y más bajaba ella la guardia, tanto más podía Él revelarse a ella. La mujer se fue de allí gozosa, y les contó a todos que había encontrado al Mesías.

Jesús dijo que si perdemos nuestra vida por causa de Él, la hallaremos.

Si sus principios para las metas de la vida no están en línea con la voluntad de Dios y Su Palabra, es tiempo de trazar su nuevo camino.

Epílogo

PRINCIPIOS PARA EL ÉXITO

José fue un vencedor.

Fue un ganador en asuntos del espíritu. Él venció el prejuicio, el rechazo, la hostilidad, la ansiedad, la desesperación, la depresión y la persecución. Al fin y al cabo, triunfó sobre todo, a nivel interno y a nivel externo. Todos sus enemigos se postraron derrotados a sus pies.

La capacidad de José para someterse, y no su capacidad para resistir, fue lo que le permitió superar todas las cosas. Al someterse, permitió que la gloria trascendente de Dios se manifestara en su vida.

La gloria trascendente de Dios se revela en Su capacidad para tomar lo que era para hacernos mal, causarnos daño o perjudicarnos, y volverlo para nuestro bien cuando nos encomendamos a Él.

Romanos 8:28 nos dice:

> *Y sabemos que a los que aman a Dios, todas las cosas les ayudan a bien, esto es, a los que conforme a su propósito son llamados.*

Si está pasando en su vida por algunas de las que José pasó, al someterse a Dios podrá tener las mismas experiencias que tuvo José.

Si está pasando por experiencias negativas, pruebas y tribulaciones, recuerde:

Dios no acaba nunca nada en un estado negativo. Siempre lo llevará al estado positivo.

No estamos para vivir una vida crucificada, sino una vida resucitada.

Cierta expresión familiar dice: "Cuando el mundo le dé un limón, haga una limonada". El mundo no comprende que esto se basa en un principio del Reino de Dios. *Este es el principio de la gloria trascendente.*

Dios no tiene ningún plan para el fracaso, si su vida está encomendada a Él.

Todo en la vida tiene potencial, pero tiene que desarrollarse. Nunca se desarrolla por sí mismo.

No es cuánto sabe usted, sino cuánto vive conforme a lo que sabe lo que determina el éxito o el fracaso en su vida.

Lo que usted crea determinará la manera cómo se relacione con Dios y con otras personas.

Cada uno de nosotros tiene debilidades y fortalezas. *Logramos el éxito trabajando con nuestras fortalezas, no fijándonos en nuestras debilidades.*

Las palabras tienen poder creador. Podemos crear de manera constructiva o destructiva.

El balance es la clave de la vida. Usted no tiene éxito en la vida cuando confiesa cosas que debilitan, degeneran y deprecian. Si Dios dice que usted es un santo, necesita confesar que es un santo. Si Dios dice que usted es hijo de Dios, necesita confesar que es un hijo de Dios.

Jesucristo vino a la tierra para que el mundo viera en Él la imagen de Dios. La imagen que tenemos de Dios nos atraerá o nos repelerá. Si tenemos una mala imagen de nosotros, no podremos amarnos o amar a otros como nos mandan las Escrituras.

Necesitamos crear una imagen que contribuya a nuestra confianza en nosotros mismos.

Cada cual tiene una pasión dominante.

Dominamos la pasión, o la pasión nos domina a nosotros.

Satanás tiene dos armas: la tentación y la acusación. Si puede sujetarnos por medio de sus acusaciones, lo hará para impedir que le creamos a Dios, y perseveremos en la justicia delante de Él.

En la justicia, tenemos dominio sobre el diablo, y éxito en nuestras vidas.

Para José, la honra de Dios era más importante que su propia vida. José sufrió la pérdida de su reputación. Sufrió la pérdida de su puesto. Sufrió la pérdida de sus posesiones. Sufrió la pérdida de todo lo que estimaba, porque para él ciertas cosas de la vida eran más importantes que la vida misma.

El gozo verdadero nace del dolor. Si estamos decididos a aceptar nuestra situación crítica y se la encomendamos a Dios, Él la tornará y la hará obrar para nuestro bien. Lo que ahora nos es doloroso, finalmente terminará en gozo. Después de perdonar y liberar a los que lo han ofendido y herido, les puede decir: "Dios lo cambió para mi bien".

José fue un vencedor. Dios quiere que seamos vencedores.

Los fosos de los leones, los hornos de fuego y los vientres de los grandes peces tienen gran potencial a causa del poder de Dios para trascender toda circunstancia en una experiencia gloriosa.

Que la vida de José sea un testimonio para usted. Que las enseñanzas, las ilustraciones, las verdades, los principios y los ejemplos de su vida contribuyan a traer éxito potencial en su vida.

Es mi esperanza que usted aplique estos principios de potencial a todas las experiencias de su vida donde sean aplicables.

Permítale a Dios que, por medio de Su gloria trascendente, lo ayude a descubrir su sueño y a aferrarse a Él.

En José es evidente que Dios siempre está más interesado en *liberarlo para* algo, que en *liberarlo de*. Lo mismo sucedió con Israel. El propósito que tuvo Dios al sacar a Israel *fuera* de Egipto fue *introducirlo* en Canaán. El propósito de Dios en *liberar* a José de las pruebas fue *trasladarlo* a su bendición.

Durante trece años, Dios trató con José a través de diversas pruebas, pero lo preparó para dirigir a Egipto durante ochenta años.

El tiempo es relativo. *Usted puede vivir una vida en unos cuantos segundos, o unos cuantos segundos pueden parecerle una vida.*

El propósito de Dios en su vida es tomar todo lo que hay en ella, y desarrollar el potencial de todo por medio de su gloria trascendente para traer la máxima gloria a Su nombre.

El cumplimiento de sus sueños le da gloria a Dios.

Sus circunstancias combinadas con el poder de Dios significan éxito potencial ilimitado.

Confíe en Él.

¡Será glorioso!

Referencias

Capítulo 1

1. Hebreos 11:1
2. Santiago 4:7
3. Proverbios 16:32
4. Tito 1:15
5. Vea Hechos 10:34.

Capítulo 2

1. Lucas 2:52
2. Génesis 37:3
3. Salmos 1:1-3
4. Romanos 1:17
5. Génesis 41:38
6. Proverbios 4:7

Capítulo 3

1. Vea Juan 6:9-11.
2. Vea Hebreos 11:3.
3. Job 3:25

Capítulo 4

1. Vea Colosenses 3:15.

Capítulo 5

1. *San Francisco Sunday Examiner and Chronicle*, 22 de mayo de 1983.
2. 2 Timoteo 2:2
3. Génesis 50:20

Capítulo 7

1. Marcos 10:44
2. Vea Lucas 9:48.
3. 1 Reyes 3:25-26
4. Vea Santiago 5:7.
5. Vea 1 Reyes 13.

Capítulo 8

1. 1 Juan 1:9
2. Hebreos 1:3

Capítulo 9

1. Vea Jueces 11:30-40.
2. Vea Mateo 14:6-9.
3. Salmo 84:11

Capítulo 10

1. Vea Santiago 1:14-15.
2. Génesis 39:7
3. Vea 2 Timoteo 2:22.
4. Génesis 39:14
5. Isaías 53:17
6. Génesis 39:9
7. Mateo 9:4

Capítulo 11

1. Salmos 56:9
2. Mateo 1:23
3. Colosenses 1:27
4. Mateo 11:6
5. Vea Jonás 4.

Capítulo 12

1. Génesis 50:20

Capítulo 13

1. Juan 3:16
2. Vea Génesis 25:29-33.
3. Vea 1 Samuel 2:22-25; 3:11-14.
4. Vea Marcos 5:22-23.

Capítulo 14

1. Génesis 39:2
2. 1 Samuel 15:22
3. Lucas 6:38
4. Santiago 4:17

Capítulo 15

1. Génesis 50:15
2. Vea Génesis 50:17.
3. Génesis 50:19
4. Romanos 7:24
5. Romanos 7:25

Capítulo 16

1. Vea Hebreos 12:6.
2. Hechos 2:40
3. Efesios 5:11